W0191012

Güstrow
Bützow, Teterow und Umgebung

Ein illustriertes Reisehandbuch
von Friederike Neubert

EDITION TEMMEN

Land & Leute

Güstrow

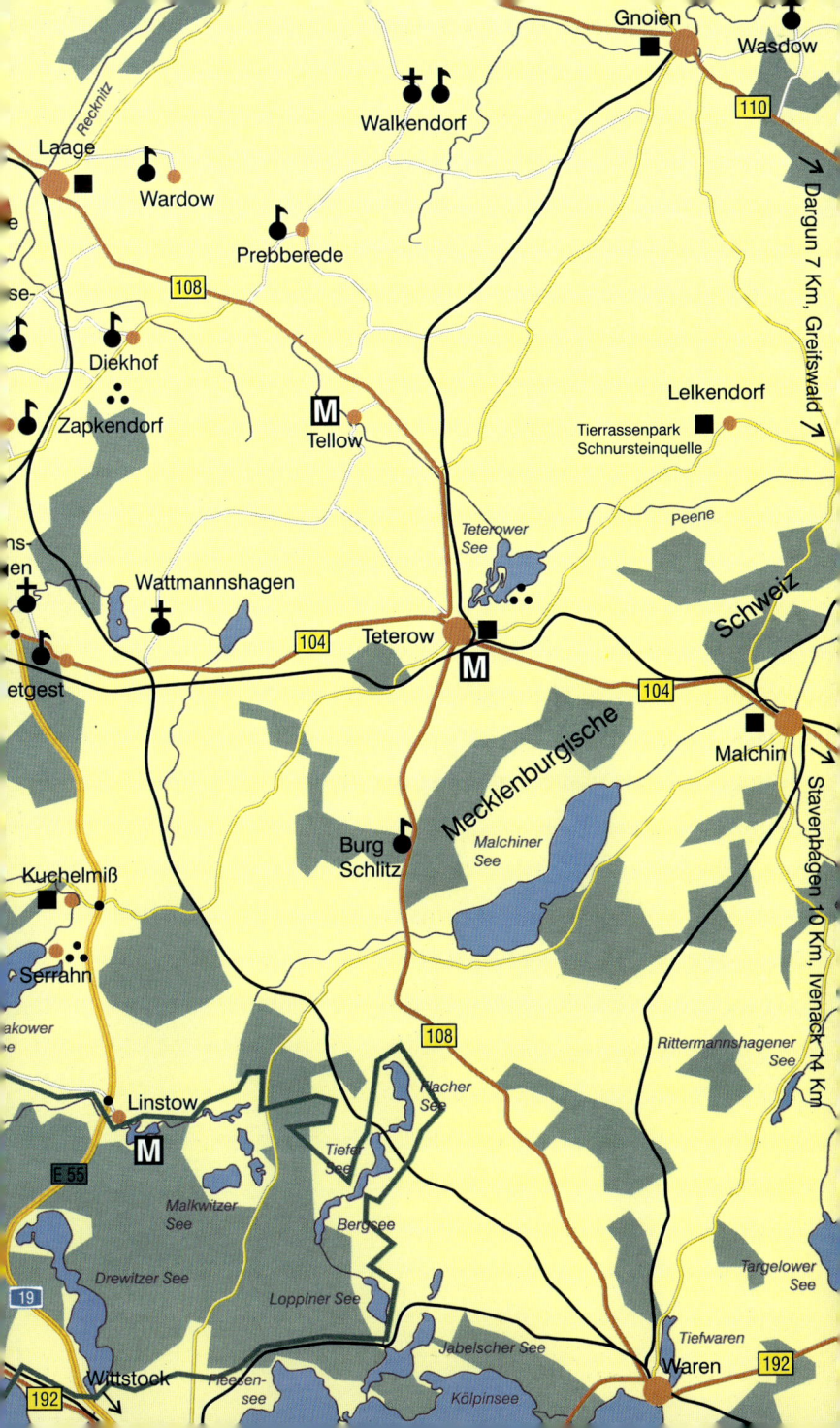

Die Deutsche Bibliothek – CIP-Einheitsaufnahme
Neubert, Friederike: Güstrow, Bützow, Teterow und Umgebung:
ein illustriertes Reisehandbuch / von Friederike Neubert. –
Bremen ; Rostock : Ed. Temmen, 1997
ISBN 3-86108-436-8

2., aktualisierte Auflage 2000

Bildnachweis:

Titelabbildung: Hartmut Musewald
Archiv Gestüt Ganschow: 84; Ernst Barlach Stiftung, Güstrow: 75, 79;
Ernst und Hans Barlach Lizenzverwaltung, Ratzeburg: 76, 77, 78;
Angelika Heim: 28/29, 33, 38/39, 58, 65, 67, 68, 73, 100/101, 120, 125,
126, 139; Detlef Klose: 8, 10, 37; Rene Legrand: 5, 20/21, 25, 34/35,
54, 61, 70/71, 72, 88/89, 95, 99, 103, 104, 112 u., 115, 122/123;
Ulrich Perrey: 82, 118/119; Werner Scharnweber: 30, 87, 102, 124;
Hans-Jürgen Schulz: 18; Horst Steffen: 27, 36, 112 o., 113, 116, 117,
129; Verlagsarchiv: 12, 13, 14, 15, 19, 22, 23, 31, 40/41, 44, 47, 49, 66,
69, 80, 85, 91, 92, 93, 97, 106, 107, 108, 109, 111, 121. Alle übrigen
Abbildungen wurden uns von der Autorin zur Verfügung gestellt.

Kartographie: Kartendienst Andreas Toscano del Banner, München

Dieses illustrierte Reisehandbuch wurde nach bestem Wissen zusammengestellt.
Im Sinne des Produkthaftungsgesetzes weisen Autoren und Verlag darauf hin,
daß inhaltliche Fehler und Änderungen nach Drucklegung dennoch nicht
auszuschließen sind. Aus diesem Grund übernehmen Verlag und Autoren keine
Verantwortung und Haftung, alle Angaben erfolgen ohne Gewähr. Änderungs-
und Verbesserungsvorschläge seitens der Leser nimmt der Verlag gerne entgegen.

© Oktober 2000 Edition Temmen
28209 Bremen – Hohenlohestr. 21   18059 Rostock – Platz der Freundschaft 1
Tel. 0421-34843-0 – Fax 0421-348094   Tel. 0381-4019723 – Fax 0381-4019729

Bützow

Teterow

Ziele in der Umgebung

Land
und Leute

Im Herzen von Mecklenburg

Güstrow, die Barlach-Stadt, ist das geistig-kulturelle Zentrum des abwechslungsreichen Binnenlandes inmitten von Mecklenburgischer Schweiz und Mecklenburgischer Seenplatte. Fruchtbare Äcker, Wiesen und Weiden wechseln sich ab mit Seen und Wäldern. Aber nicht nur für Naturliebhaber gibt es viel zu entdecken: Diese Region im Herzen Mecklenburgs hat eine spannende Geschichte, die sich in den alten Städten, historischen Stadtkernen und Dörfern wiederspiegelt. Kirchen, die mit der Besiedlung zur Zeit der Christianisierung entstanden sind, zeugen ebenso von vergangenen Zeiten wie die zahlreichen Museen, die die Geschichte und die Traditionen des Landes bewahren und auf manche Mecklenburger Persönlichkeit hinweisen, die über die Landesgrenzen hinaus berühmt geworden ist.

Das Land Mecklenburg, Teil der Norddeutschen Tiefebene, ist ungefähr bis zur Hälfte ein 60 m ü.d.M. liegendes Flachland mit fast 600 Seen von mehr als zwei Hektar Größe.

In Richtung von Südosten nach Nordwesten wird das Land von einem breiten, bis auf 100 m ansteigenden, an wenigen Punkten sogar fast 130 m hohen Landrükken durchzogen. Ein Landrücken, der die Wasserscheide zwischen den nordwärts zur Ostsee und südwärts über die Elbe zur Nordsee abfließenden Gewässern bildet und wegen seiner zahlreichen Seen »Mecklenburger Seenplatte« genannt wird.

Die Mecklenburger Seenplatte ist ein teils bewaldetes, teils von Äckern und Wiesen geprägtes Hügelland. Mit den insgesamt weit mehr als tausend großen und kleinen Wasserflächen zwischen dem 65 km^2 großen und 37 m ü.d.M. liegenden Schweriner See und der 115 km^2 großen Müritz (62 m ü.d.M.) bietet diese Gegend eine faszinierend abwechslungsreiche Landschaft. Rund um den Schweriner See finden wir eine Häufung von weiteren Seen, ebenso im Gebiet zwischen Sternberg und Krakow. In Richtung Plau und Waren liegen dann die von der Elde zur Elbe entwässerten »großen Seen«: der Plauer See, der Fleesensee, der Kölpinsee und schließlich die Müritz, der größte Binnensee Deutschlands nach dem Bodensee.

Im nördlichen Bereich, also bereits außerhalb der eigentlichen Mecklenburger Seenplatte, schließt sich eine Reihe bedeutender Seen an, so im Güstrower Becken der Inselsee, der Malchiner See, der Kummerower See und der Teterower See – das ganze ein Gebiet, das aufgrund der für norddeutsche Verhältnisse großen Höhenunterschiede als »Mecklenburgische Schweiz« bekannt ist. Gäste aus Gebirgsgegenden mögen über diese Hügel, die hiesigen »Berge«, schmunzeln.

9

Doch die Bergkuppen grenzen oft unmittelbar an die nur wenig über dem Meeresspiegel liegenden Beckenböden, so daß ein Gefälle von bis zu 10% entstehen kann. Vor allem Radfahrer werden deshalb die Rede von der »Mecklenburgischen Schweiz« durchaus ernst nehmen. Diese Stauchmoränenlandschaft ist gekennzeichnet durch ausgedehnte Buchenwälder und eine Vielzahl imponierender Eichen, die bis zu 600 Jahre alt sind. Wegen ihres mittelgebirgsähnlichen Charakters zählt sie zu den landschaftlich reizvollsten Gebieten in Mecklenburg-Vorpommern.

Einen ausgezeichneten Blick über diese Wälder sowie die angrenzenden Äcker und Seen bieten der Röthelberg bei Burg Schlitz (97 m), der Heidberg bei Teterow (93 m) und der Silberberg bei Teschow (64 m). Vom Silberberg aus hat man einen herrlichen Rundblick auf den Teterower See und die Burgwallinsel im Zentrum der »Mecklenburgischen Schweiz«.

Im Regenschatten der Stauchmoränen gelegen, weist diese Gegend auch klimatische Besonderheiten auf, die ihrerseits die Ursache für eine außerordentliche Artenvielfalt sind. Sowohl bedrohte Pflanzenarten als auch selten gewordene Tiere finden hier optimale Lebensbedingungen.

Die Bezeichnung »Mecklenburgische Schweiz« soll übrigens der Erbprinz Georg von Strelitz dieser Gegend gegeben haben. Bei der Grundsteinlegung von Burg Schlitz im Jahre 1812 soll er den verglei-

chenden Namen verwendet haben, der, zunächst von einem mecklenburgischen Wochenblatt aufgegriffen, seit Mitte des 19. Jahrhunderts in den allgemeinen Sprachgebrauch Eingang gefunden hat.

Die Stadt Güstrow, aufgrund ihrer geschichtlichen Bedeutung und vor allem durch Ernst Barlach bekannt, kann mit ihrer günstigen Lage gleichsam als das nördliche Tor zur Mecklenburgischen Schweiz und zur Mecklenburger Seenplatte gesehen werden. Aber auch die weniger bekannten Städtchen Bützow, Gnoien und Teterow lohnen einen Besuch und laden mit ihrem kleinstädtischen Charme zum entspannten Verweilen ein. Güstrow ist gleichsam das Herzstück des alten Mecklenburg. Der geographische Mittelpunkt des neuen Bundeslandes Mecklenburg-Vorpommern ist allerdings in Teterow zu finden, als solcher gekennzeichnet durch »Dettmanns Deckel« (nach einer Idee des Bürgermeisters Dettmann), eine Plakette auf dem Marktplatz vor dem Rathaus.

Wegen der guten Anbindung über das Straßensystem (Autobahn, Bundesstraßen 103, 104), über die Bundesbahn und den Flugplatz Rostock-Laage ist Güstrow ein idealer Ziel- und Ausgangsort für ausgedehnte Entdeckungstouren in dieser einmaligen Region.

➢ Linke Seite: Am Seeufer

1000 Jahre Mecklenburg: ein Blick in die Geschichte

Vor mehr als 1000 Jahren, zwischen 928 und 1164, versuchten deutsche Heere vergeblich, das Land der Obotriten und Liutizen zu besetzen. Erst mit dem Sieg über den in Burg Mecklenburg residierenden Obotritenfürsten **Pribislaw** (1163) gelang die Eingliederung in den deutschen Feudalstaat. Mit der Gründung Schwerins 1160 durch Heinrich den Löwen als Mittelpunkt einer deutschen Grafschaft und eines Bistums hatte die deutsche Besiedlung des Landes Mecklenburg ihren Anfang genommen. Lange hatten sich die Slawen erfolgreich gegen die Germanisierung und Christianisierung gewehrt. Noch 1147 konnte ihr Fürst Niklot bis nach Lübeck vordringen, ehe ihn Heinrich der Löwe besiegte.

Heinrich der Löwe, Herzog von Bayern und Sachsen, hatte zu jener Zeit seine Macht wieder festigen können und die Ostgrenzen seines Reiches durch Kämpfe gegen die Slawen bedeutend erweitert. Er gründete Lübeck, stiftete mehrere Bistümer und Klöster und eroberte ganz Mecklenburg und Vorpommern. Die deutschen Reichsfürsten beäugten diesen Machtzuwachs mit Sorge, denn »der Löwe« besaß nun Bayern, Sachsen, Mecklenburg und Vorpommern. Ihre Sorge war gewiß nicht unbegründet, waren doch die Welfen einst mit den Staufen als gleichberechtigte Bewerber und Erben des deutschen Kaiserthrons aufgetreten. Jetzt aber war die Entscheidung zugunsten der Staufen gefallen, was der Welfenkönig Heinrich nicht verschmerzen konnte. Offensichtlich wollte er im Gegenzug ein großes Welfenreich von der Ostsee bis zu den Alpen aufbauen.

Nach dem militärischen Sieg über die slawischen Fürsten versuchte Heinrich nun das Land zu befrieden, um sich im Norden seines

➤ 995: Verheerung des Slawenlandes im Kriegszug Ottos III. gegen Obotriten und Liutizen

Reiches Rückendeckung für die Auseinandersetzung mit den deutschen Reichsfürsten zu verschaffen. Unter dem Druck des Zusammenschlusses seiner Neider von 1166 in Merseburg berief er also den Slawenfürsten Pribislaw zurück auf den Thron. Er versöhnte sich mit ihm, gab ihm 1167 fast sein ganzes väterliches Erbe zurück, ließ ihn durch den Kaiser zum Reichsfürsten ernennen und vermählte seine Tochter Mathilde mit Heinrich Borwin, dem Sohn Pribislaws. Pribislaw ließ sich taufen, förderte die **Christianisierung** und wurde so Herzog eines neuen Staates unter deutschem Vorzeichen im wendischen Land und Heinrich Borwin zum Stammvater des in Mecklenburg bis 1918 regierenden Herzogsgeschlechts.

Nach der Befriedung des Landes begann eine umfassende **Kolonialisierung**: Bäuerliche Siedler aus Holstein, Friesland, Flandern, Niedersachsen, Westfalen und dem Rheinland wurden ins Land gebracht. Im 13. Jahrhundert setzte dann bei der slawischen Bevölkerung ein umfassender Assimilationsprozeß ein, ihre Kultur, ihre Sprache, ihre Bräuche verschwanden fast spurlos: Aber auch die deutschen Siedler paßten sich den besonderen Bedingungen östlich der Elbe an, sie übernahmen slawische Ortsnamen und Lehnwörter und entwickelten verschiedene Formen des Zusammenlebens mit der altansässigen slawischen Bevölkerung.

➤ Heinrich der Löwe läßt 1164 den Obotritenfürsten Wertislaw erhängen

Noch unter Heinrich dem Löwen, der bis 1193 seine Machtbestrebungen trotz schwerwiegender Niederlagen nicht aufgab, kam es zu ersten **Stadtgründungen** in Mecklenburg. Als erste entstand die Stadt Schwerin (1160), bis 1171 Bischofssitz und seit 1358 Residenz der Mecklenburger Herzöge. Aus slawischen Handelsplätzen entlang der Ostseeküste entwickelten sich deutsche Kaufmannssiedlungen, an bedeutenden Handelswegen im Binnenland entstanden zunächst kleine Marktorte, die bald Stadtrecht bekamen. Von den rund 60 Städten in Mecklenburg erhielten mehr als die Hälfte (37) ihr Stadtrecht bereits im 13. Jahrhundert, so auch Güstrow (1228), Bützow (1236), Gnoien (1257), Teterow

(1272) und die kleineren Städtchen in der Umgebung.

Die meisten Städte wurden in jener Zeit (12.–15. Jahrhundert) nach dem gleichen Schema angelegt: um den zentralen Platz, den Marktplatz mit Rathaus und Kirche, wurde ein gitterförmiges Netz von Straßen angelegt. Die Burg, die einst im Mittelpunkt der Siedlung stand, rückte an den Rand der Stadt – aus Burgsiedlungen wurden Bürgerstädte.

Die Geschichte Mecklenburgs ist geprägt von **Erbstreitigkeiten** und Machtkämpfen mit den benachbarten Dänen und Schweden und damit einhergehenden kriegerischen Auseinandersetzungen. Da eine klare Regelung nach dem Erstgeburtsrecht fehlte, war die staatliche Einheit des Herzogtums ständig gefährdet.

➤ Erste Hauptlandesteilung 1229 unter den vier Enkeln Heinrich Borwins I.

14

Zwar beschlossen die Landstände mit der sogenannten Landständischen Union von 1523 die Unteilbarkeit des Landes, konnten aber dennoch nicht verhindern, daß es 1621 zur **Landesteilung** in die Herzogtümer Mecklenburg-Schwerin und Mecklenburg-Güstrow kam. Als einzig Gemeinsames blieben die Kirchenverwaltung, die Universität und das Hofgericht.

Uneinigkeit und Unentschlossenheit während der Auseinandersetzungen im **Dreißigjährigen Krieg** hatten zur Folge, daß beide mecklenburgischen Herzöge abgesetzt wurden und Wallenstein 1628 durch ein kaiserliches Edikt zum neuen Landesherren avancierte.

Er machte Güstrow zu seiner Residenz und ließ die beiden abgesetzten Herzöge aus dem Land vertreiben, denn »zwei Hähne auf einem Mist taugen nicht zusammen«. Doch bereits 1630 endete Wallensteins Herrschaft über das Land. Mit Hilfe der Schweden wurden die beiden mecklenburgischen Herzöge wieder zu den eigentlichen Herren ihrer Residenzen. Ruhe kehrte aber nicht im Lande ein, denn außer den Schweden machten auch die Dänen Ansprüche geltend.

Erst mit dem Ende des Dreißigjährigen Krieges im **Westfälischen Frieden** von 1648 bestand die Aussicht auf das Ende von Plünderungen, Not und Armut. Jedoch auch dieser Friedensschluß bedeutete für Mecklenburg noch keinen Frieden. Konflikte zwischen Brandenburg und Dänemark einerseits

➤ Herzog Ulrich III. von Mecklenburg (1527–1603) mit seiner zweiten Frau Anna

und den Schweden andererseits brachten erneut Not und Elend übers Land.

Neue Erbstreitigkeiten standen an, als Ende des 17. Jahrhunderts beide Herzogshäuser ohne männliche Nachfolger blieben. Sechs Jahre dauerte dieser Streit, der mit dem **Hamburger Erbvergleich** von 1701 die dritte Landesteilung zur Folge hatte. Es wurde ein neues Herzogtum geschaffen: Mecklenburg-Strelitz. Der Schweriner Herzog erhielt den Güstrower Landesteil dazu. Mit diesem Vergleich wurde gleichzeitig die Erbfolge nach dem Erstgeburtsrecht festgeschrieben.

Der **Nordische Krieg** (1700–1721) einerseits und anhaltende Machtkämpfe der Mecklenburger Herzöge gegen die Landstände andererseits überschatteten die erste Hälfte des 18. Jahrhunderts, bis mit dem **Landesgrundgesetzlichen Erbvergleich** von 1755 der Streit der rivalisierenden Parteien beigelegt wurde. Zwar brachte der Vergleich die Union der Landstände, aber er legalisierte auch das **Bauernlegen**. Gutsherren und Großgrundbesitzer hatten schon seit dem 15. Jahrhundert diejenigen Bauernstellen eingezogen und ihrem Besitz einverleibt, die von den Bauern aufgrund von Kriegen oder Naturkatastrophen nicht bewirtschaftet werden konnten. Die Legalisierung des Bauernlegens führte fast zum Verschwinden der freien Bauern. Gleichzeitig wurde die Leibeigenschaft erneut bestätigt. Auch für die Entwicklung von Handwerk, Gewerbe und städtischem Leben stellte der Vergleich eine schwerwiegende Behinderung dar.

Bis zur Revolution 1918 galt der Erbvergleich von 1755 und hielt das Land in einer auch für die Zeitgenossen erkennbaren Rückständigkeit gefangen. Zahlreiche namhafte Persönlichkeiten, wie zum Beispiel Freiherr vom und zum Stein oder Fritz Reuter mit seinem Epos »Kein Hüsung« (Keine Bleibe, kein Haus), thematisierten die Mißstände und griffen die jeweiligen Landesregierungen mitunter scharf an.

Zu Beginn des 19. Jahrhunderts besetzten die Franzosen Mecklenburg (1806–1812). Die Mecklenburger verbanden sich mit dem rückschrittlichen, zaristischen Rußland gegen die progressiven Franzosen und brachten **Napoleon** in der Völkerschlacht bei Leipzig zu Fall. Versammlungsort der Freiwilligen Jäger aus Mecklenburg, die unter Führung von Major Lützow in den Kampf zogen, war 1813 das Güstrower Schloß, auf dessen Vorplatz ein großes Denkmal, 1865 eingeweiht, an diese Ereignisse erinnert.

Knapp 50 Jahre später rückte Güstrow erneut in den Mittelpunkt landespolitischer Ereignisse. Als die bürgerliche **Revolution von 1848** auch Mecklenburg erfaßte, wurde Güstrow zum Zentrum der Reformparteien in Mecklenburg. Die Literaten John Brinckman und Fritz Reuter gehörten zu den engagiertesten Verfechtern der demokratischen Bewegung. Aber die ansatzweise errungenen Erfolge auf dem Weg zu einer neuen Verfassung wurden bereits 1849 zunichte gemacht, als es den Konservativen gelang, den Fortbestand des reaktionären Landesgrundgesetzlichen Erbvergleichs mit dem Außerkraftsetzen der demokratischen Schweriner Verfassung zu sichern. Im Jahr der Reichsgründung 1871 gehörten beide mecklenburgischen Herzogtümer ein Jahr zum **Norddeutschen Bund**. Beide Herzöge klebten an dem Althergebrachten und verstanden es nicht, für das Land Mecklenburg eine brauchbare Verfassung auf den Weg zu bringen. Fritz Reuter verfaßte spöttelnd den §1 der Landesverfassung: »Allens bliwt bin ollen« (Alles bleibt beim Alten). Mecklenburg war und blieb arm und rückständig. Aus dieser Zeit stammt auch der Bismarck zugeschriebene Satz: »Wenn die Welt untergeht, gehe ich nach Mecklenburg, denn dort geht sie 100 Jahre später unter.«

In der **Weimarer Zeit** hatten beide mecklenburgischen Landesteile den Status eigenständiger Länder, bis mit dem Gesetz über die Gleichschaltung der Länder von 1933 alle Hoheitsrechte auf das Deutsche Reich übertragen wurden. In Vorbereitung des Zweiten Weltkrieges entstanden auch in mecklenburgischen Städten Rüstungsbetriebe, die dann zum Ziel alliierter Luftangriffe wurden.

Nach dem Krieg wurde Mecklenburg von sowjetischen Truppen besetzt. Das **Kriegsende** war für die Einheimischen und die unzähligen Flüchtlinge aus den Ostgebieten eine Erlösung. Mit der **sozialistischen Bodenreform**, die am 16. September 1945 in Bredentin bei Güstrow ihren Anfang nahm,

➢ Beginn der Bodenreform in Bredentin, Herbst 1945

erhielten nicht nur mecklenburgische Bauern, sondern vor allem auch Tausende von Flüchtlingen eine Existenzgrundlage in der neuen Heimat. Mit Elan stellte man sich den Aufgaben der Bewirtschaftung der Äcker und des Wiederaufbaus.

Die Arbeits- und Lebensbedingungen konnten schrittweise verbessert werden. In den agrarorientierten Kreisstädten Bützow, Güstrow und Teterow dominierten Betriebe der Land- und Nahrungsgüterwirtschaft, wie Molkereien, Schlachthöfe, Zuckerproduktionen, Mischfutterwerke, Produktionsstätten für landwirtschaftliche Maschinen usw. Auch wenn die Entwicklung in den Städten prinzipiell einen analogen Verlauf nahm, da mit den Parteitagen zentral die Perspektiven vorgegeben wurden, so hat doch jede der Städte, ausgehend von Vorhandenem, ihr eigenes soziales und wirtschaftliches Profil gewonnen. In Güstrow zum Beispiel existierten Mitte der 80er Jahre 190 Betriebe, davon 20 mit mehr als 300 Beschäftigten. Der größte Betrieb war das Landmaschinenbaukombinat mit fast 2000 Beschäftigten, vorrangig zur Produktion von Düngerstreuern und Feingrubbern für den RGW-Bereich, aber auch zur Herstellung von Ersatzteilen für landwirtschaftliche Maschinen, Rollenketten und Getrieben.

Ebensowichtig für Güstrow waren die Kleiderwerke, in denen 90% der über 700 Beschäftigten Frauen waren. Hier wurden Jeans für das Kleiderwerk in Malchow sowie Sakkos zugeschnitten und genäht. 80% der Produktion waren für den Export in die Sowjetunion und in die Bundesrepublik Deutschland bestimmt. Ein weiterer domi-

17

➤ Lichterketten säumten die Straßen während der friedlichen Protestbewegung 1989

nierender Betrieb war die Zuckerfabrik mit ca. 650 Arbeitnehmern.
Bis in die Mitte der 70er Jahre war
in vielen Bereichen eine positive
Wirkung der Aufbaubemühungen
spürbar. Ein gewisser Wohlstand
wurde für alle Menschen in der
DDR erreicht. Und mit dem **Ab-
kommen von Helsinki** im Jahre
1975 wuchs die Hoffnung auf eine
auch politische Öffnung des Landes. In Richtung Osten wurden tat-
sächlich Reiseerleichterungen geschaffen, doch die anderen Himmelsrichtungen blieben verschlos-
sen. Aufgrund der staatlich verord-
neten Isolierung und der erneuten
wirtschaftlichen Stagnation wuchs
die Unzufriedenheit in der Bevölkerung, viele positive Errungen-
schaften des Sozialismus wurden
mehr und mehr in Frage gestellt.
Mit dem friedlichen Aufbegehren

von **1989** sagten sich die Bürger
von der Landesführung los und lei-
teten den Anschluß an die Bundesrepublik Deutschland ein. Aus
den 1952 gebildeten drei Nord-
bezirken (Rostock, Neubrandenburg und Schwerin) entstand mit
unwesentlichen Veränderungen das
Bundesland Mecklenburg-Vorpommern.
Die Vereinigung gestaltet sich für
viele ehemalige DDR-Bürger kom-
plizierter als erwartet. Alle, wirklich alle Lebensbereiche sind von
den veränderten gesellschaftlichen
Bedingungen betroffen. Eine große Herausforderung, die die Kräf-
te oftmals überfordert. Bundesbür-
ger, die sich ihrer gewohnten, über
Jahre angeeigneten Lebensweise
nicht bewußt sind, können den erforderlichen Kraftaufwand oft noch
nicht nachempfinden.

Ein steinreiches Land ...

Mecklenburg ist ein steinreiches Land. Aber nur in des Wortes eigentlicher Bedeutung; denn weil nennenswerte Bodenschätze als Basis für eine industrielle Entwicklung fehlten, lag in diesem nördlichen Bundesland der Schwerpunkt von jeher auf der Landwirtschaft – und die hat im wahrsten Sinne des Wortes mit dem Steinreichtum der mecklenburgischen Erde zu kämpfen.

In unserem Gebiet haben die Gletscher der **Eiszeit** vor mehr als 20.000 Jahren auf ihrem Weg von Skandinavien nach Süden gewaltige Massen an Gesteinsschutt mitgeführt und als sogenannte Endmoränen abgelagert.

Manche Ackerböden sind deshalb so steinreich, daß die Steine abgelesen werden müssen, damit überhaupt ein landwirtschaftlicher Nutzeffekt erzielt werden kann. Und als ob die Steine aus dem Boden »wachsen« würden, ist das ein nicht enden wollender Vorgang. Große Steinaufschüttungen an den Feldrändern sind das Ergebnis jahrelangen mühsamen Sammelns. Erst mit dem Einzug der Technik in die Landwirtschaft mußten die größeren Steine nicht mehr von Menschenhand bewegt werden.

Auf Spuren menschlicher Besiedlung hingegen weisen die aus tonnenschweren Findlingen (Zweidrittel sind aus Granit) errichte-

➤ Riesen bauen ein Großsteingrab (Nach Johan Picardt 1660)

ten Grabanlagen hin. Diese **Megalithgräber** sind Zeugen der jüngeren Steinzeit (3000–1800 v. Chr.). Die Gräber werden auch als Dolmen (aus dem keltischen tol = Tisch, men = Stein) und im Volksmund irreführend als »Hünengräber« bezeichnet, denn das Errichten solch großer Anlagen traute man nur »Hünen« zu. Beispiele hierfür sind der »Kretstein« bei Serrahn, die zwei Grabanlagen bei Wilsen (Serrahn-Langhagen) und die bei Plaaz (westl. der Chaussee nach Diekhof). Im Teterower Raum sind die Großsteingräber im Dammer Postmoor, bei Altkalen und bei Neu Schwasdorf zu nennen.

Bronzezeitlichen Ursprungs (1800–600 v. Chr.) sind die **Hügelgräber** bei Tieplitz, Alt Polchow und der »Hilgenberg« bei Lüssow. Kleinere **Steinhügelgräber** aus der mittleren Bronzezeit finden sich im Bereich von Kuchelmiß-Serrahn, Wilsen, Langhagen, Hinzenhagen, Upahl, Tieplitz, Bellin, Marienhof, Groß Tessin und Dobbin, außerdem in der Nähe von Burg Schlitz, bei Carlshof in Richtung Tessenow und bei Bockholt.

Noch nicht vollständig aufgeklärt ist die Bedeutung der eisenzeitlichen **Steintänze**, die vermutlich

➢ Der »Steintanz« bei Boitin

kultischen Zwecken dienten. Mehrere Steinblöcke bilden dicht an dicht stehend einen Kreis von etwa 20 m Durchmesser. Solche Steintänze sind noch bei Bellin (38 aufrechtstehende Steine), Boitin (vier Steinkreise) und Lenzen (ein aus vier großen und fünf kleinen aufrechtstehenden Steinen gebildeter Ring) anzutreffen. Diese Steintänze, die auch heute noch eine mystische Ausstrahlung besitzen, bilden den Ursprung vieler Sagenstoffe.

Während der sogenannten Völkerwanderung siedelten in unserem Gebiet etwa seit dem 7. Jh. slawische Stämme. Von jener Zeit zeugen die **Niederungsburgen**, deren Anlage noch in Bölkow, Bülower Burg bei Güstrow, Wardow, Dolgen und Krakow (Burgwallinsel), der Burg Werle bei Schwaan, der Burgwallinsel Teterow, den Burgwällen bei Behren Lübchin, Sukow, Neu-Nieköhr und Rothenmoor erhalten ist. Vielfach sind diese Burgreste aber

nur für den sachkundigen Betrachter auszumachen. Am eindrucksvollsten zeigt das **Freilichtmuseum Groß Raden** bei Sternberg, wie eine solche Niederungsburg ausgesehen hat.

Aus der Zeit der deutschen Besiedlung, also aus dem 12. und 13. Jh., stammen die Reste frühdeutscher **Turmhügel** in Weitendorf, Lübsee, Diekhof, Dobbin, Kuchelmiß und Hinzenhagen.

Seit jeher nutzte man den Reichtum an Steinen für die vielfältigsten Zwecke. Steine begegnen uns bei Einfriedungen um alte Bauerngehöfte und Kirchen bzw. Friedhöfe, als Baumaterial für Burgen, Kirchen, Gutsanlagen und im Straßenbau, sowohl in ihrer naturgegebenen Form als auch gespalten. Findlinge, die als etwas Besonderes galten, fanden häufig als Gedenksteine oder auch als Grabsteine Verwendung.

Viele Zeugen der Kulturgeschichte sind durch diese Umwidmung der Steine verlorengegangen. Doch mit dem gewachsenen Verständnis für die Bewahrung geschichtlicher Zeugen und dem damit verbundenen »Unter-Schutz-stellen« von Bodendenkmalen werden die steinernen Zeugen für die Zukunft erhalten, und das nicht wohlhabende Mecklenburg bleibt ein kulturreiches und nicht nur ein steinreiches Land.

Auf Schlössertour durch die Region

In fast jedem dritten Dorf in unserer Region sind mehr oder weniger prächtige Gutsanlagen und Herrenhäuser anzutreffen, die, je aufwendiger ihre architektonische Gestaltung ausfällt, vielfach auch als Schlösser bezeichnet werden. Mit ihren unterschiedlichen Baustilen aus vergangenen Jahrhunderten und differenzierten **Repräsentationsansprüchen** sind sie Spiegelbild ehemaliger Macht- und Besitzverhältnisse und geben unserer mecklenburgischen Kulturlandschaft ein ganz spezielles Gepräge.

Güstrow mit seinem eindrucksvollen Schloß ist der ideale Ausgangspunkt für eine Schlössertour durch die Region. Das **Schloß Güstrow**, erbaut unter Herzog Ulrich III. (1555–1603), dem bedeutendsten Renaissancefürsten in Mecklenburg, ist ein hervorragendes Beispiel repräsentativen Bauens. Die Vorgängerbauten, der Verteidigung dienende Burgen, waren nicht bequeme Wohnstätten, sondern dienten militärischen Zwecken. Das Wehrhafte, das Ausdruck in der Architektur fand, trat bei Um- und Anbauten im Laufe der Jahrhunderte mehr und mehr zurück. Die Stärkung der fürstlichen Macht im 16. Jahrhundert führte nicht nur zu einer erhöhten Bautätigkeit, sondern veränderte auch die Funktion der fürstlichen Residenzen: Sie dienten nun der Repräsentation feudalistischer Machtentfaltung. Das Güstrower Schloß ist in seiner Art heute das einzig erhaltene Renaissanceschloß im Norden Deutschlands.

➤ Das Schloß zu Güstrow im Jahre 1842

23

Andere interessante Schlösser, Herrenhäuser und Gutsanlagen sind im wesentlichen auf drei Routen durch die Region zu erreichen, die wir im folgenden vorstellen.

Tour 1:
Bützow – Katelbogen – Kurzen Trechow – Gnemern

Das heutige **Schloß Bützow** ist nur noch ein kärglicher Rest der ausgedehnten, seit dem 13. Jh. bezeugten Ringhausburg, die den Schweriner Bischöfen als Residenz diente. Der Bischof Hermann I. von Schladen (1263–1291) ließ gleich zu Beginn seiner Regierungszeit in Bützow ein *castrum* errichten. Aus dieser Zeit ist die ehemalige Hauskapelle mit ihrem Kreuzrippengewölbe erhalten geblieben, die 1970 restauriert wurde. Erhalten und 1999 restauriert ist das im Osten gelegene »Krumme Haus«, ein Bau, der sich dem damaligen Mauerring anpaßte und deshalb in seiner Längsachse gekrümmt ist. Seit Januar 2000 beherbergt es das Heimatmuseum, die Bibliothek und die Gedenkstätte für Opfer politischer Gewalt. Um 1555 ließ Herzog Ulrich das Haupthaus erweitern und zu einem Renaissanceschloß umbauen.

Nur wenige Kilometer westwärts von Bützow blieb das im Stil der Neorenaissance 1893/97 umgebaute **Schloß Katelbogen** erhalten. Das Märchenhafte des Schlosses wird durch die gelungene Einbindung in die Landschaft unterstrichen. Historische Bedeutung erlangte das Schloß während des Kapp-Putsches 1920 als strategisches Quartier. 1956 wurde es als Wohnheim einer landwirtschaftlichen Berufsschule rekonstruiert. Derzeit hat es noch keine Nutzung.

In Richtung Nordosten, in **Kurzen Trechow**, steht ebenfalls ein Renaissancebau vom Ende des 16. Jh., der aber durch An- und Umbauten im Verlaufe der Jahre viel von seiner einstigen Schönheit verloren hat. Ursprünglich stand hier eine mittelalterliche Wasserburg, deren Granitmauerwerk für den Schloßbau verwendet wurde. Das Äußere wurde zwar beim Umbau von 1814 mit seiner Renaissanceausstattung bewahrt, das Innere jedoch klassizistisch umgestaltet. 1910 versah man das Herrenhaus mit einem Anbau, 1936 wurden erneut Veränderungen an der Fassade vorgenommen. Heute ist das Schloß gemeindliches Zentrum mit Gaststättenbetrieb und Veranstaltungsräumen.

Nordwestlich von Kurzen Trechow befindet sich in **Gnemern** ein **Wasserschloß**. Dieser schlichte Bau aus der Zeit nach dem Dreißigjährigen Krieg wurde auf den Grundmauern einer alten Wasserburg (13. Jh.) errichtet, die 1676 abbrannte. Aus jener Zeit ist ein Raum mit unregelmäßigem Sterngewölbe erhalten geblieben, der in den Neubau des Herrenhauses (1682–1685) einbezogen wurde. Auf den Umbau weisen das Wappen und die Inschrifttafel hin. Weitere nachhaltige Veränderungen am Bau erfolgten im 19. Jh. An drei

Seiten ist das Gebäude von Wasserläufen umgeben, die vom Flüßchen Tessenitz gespeist werden. Ein Antik-Handel und Antik-Café laden (Sa./So.) zur Besichtigung und kulinarischer Entspannung ein.

Tour 2:
Güstrow – Spoitgendorf – Zapkendorf – Rossewitz – Diekhof – Prebberede – Wardow

Nordöstlich von Güstrow befinden sich weitere sehenswerte Schlösser, so das **Herrenhaus Spoitgendorf**, das 1893 von G. L. Möckel aus gelbem Klinker im Stil des »Möckel-Historismus« mit großräumigem Vestibül und Treppenhaus gebaut wurde. Wie entscheidend für ein solches Bauwerk die jeweilige Nutzungsart ist, wird am **Herrenhaus Zapkendorf** deutlich. In der Mitte des 18. Jh. errichtet, wurde es bereits zu DDR-Zeiten als Einrichtung des Gesundheitswesens genutzt.

Mit dem zweckgebundenen Um- und Ergänzungsbau 1995 zum Pflegeheim »Abendsonne« durch die Volkssolidarität wurde es zum Juwel des Dorfes.

Eine stark zerfallene Ruine ist das versteckt gelegene **Schloß Rossewitz**. Doch die Suche nach dem unbefestigten Weg zum Schloß lohnt sich. Es ist ein »hervorragendes Beispiel frühbarocker Schloßarchitektur in Mecklenburg mit Meisterschaft bis ins Detail«, so das Urteil der Denkmalpfleger, die 1980, als die letzten Umsiedler ausgezogen waren, für die Erhaltung des Schlosses plädierten und es unter Denkmalschutz stellten. 1986, viel zu spät, wurde mit er-

➢ Wasserschloß in Gnemern

sten Bausicherungsmaßnahmen begonnen, die bis heute fortgesetzt werden. Mit Konzerten in der Ruine soll die Aufmerksamkeit auf dieses Schloß gelenkt werden, denn wenn sich kein Nutzer finden läßt, wird der Erhalt der Anlage mit großen Problemen behaftet bleiben.

Rossewitz ist der früheste in Mecklenburg gebaute Herrensitz nach Ende des Dreißigjährigen Krieges. Auch hier stand als Vorgänger eine Burg, die seit dem 14. Jh. bezeugt ist. Bauherr von Schloß Rossewitz war der in dänischen Diensten stehende Generalmajor von Vieregge, dessen Familie seit 1450 hier ansässig war. Sein Architekt war der Franzose Charles Philipp Dieussart, der als Hugenotte 1657 von Holland über Hamburg nach Mecklenburg kam, um hier im Dienst der mecklenburgischen Herzöge zu wirken. Von 1657–1680 entstand dieser prächtige, viergeschossige Bau mit zwei rückwärtigen Flügeln. Den Festsaal im 2. Obergeschoß zierten illusionistische Wandmalereien italienischer Künstler (um 1660).

Nach dem finanziellen Ruin des Besitzers übernahm die herzogliche Kammer 1780 das Schloß. Bis zur Mitte des 19. Jh. wurde es notdürftig instand gehalten, danach kaum noch genutzt, bis nach 1945 Umsiedler einquartiert wurden. Heute fällt es schwer, sich die einstige Pracht des nach holländischen Vorbildern geschaffenen Barockschlosses vorzustellen.

Nicht mehr erhalten ist **Schloß Diekhof**. Dennoch lohnt der Weg, denn die spätbarocke **Schloßkapelle**, die 1768 eingeweiht wurde, steht noch. Im Innern beeindruken die beidseitig über dem Eingang angebrachten Emporen und der in dieser Gegend selten anzutreffende Kanzelaltar. Die kleine pavillonartige Kapelle wurde vom Baumeister C. D. Holle ganz in Weiß und Gold gehalten.

Die einst bedeutende barocke Schloßanlage (1731–1739) wechselte mehrfach den Besitzer. Ursprünglich gehörte sie der Familie von Hahn. 1779 erwarb Ludwig von Wallmoden den Besitz. 1845 wurde sie Eigentum des Grafen von Bassewitz. Das Schloß selbst wurde im Mai 1945 bis auf die Grundmauern zerstört. An dem alten Baumbestand (Feldahorne, Trauereschen, eine Pyramideneiche, Weymouthskiefern, Rotbuchen, Stieleichen, Roßkastanien) und einer komplett erhaltenen Lindenallee ist die ehemalige großzügige Parkanlage noch zu erkennen.

Einen erfreulichen Anblick bietet **Schloß Prebberede**, ein Meisterwerk barocker Baukunst, das mit seinen 40 Metern Länge und 21 Metern Breite eines der großen Barockschlösser in Mecklenburg ist. Dieses Schloß stellt im Gegensatz zu anderen Schlössern jener Zeit eine Weiterentwicklung des »blockhaften Bauens« der Renaissance dar.

Der von 1772–1778 vom Güstrower Baumeister Sidon errichtete zweigeschossige Backsteinbau gehörte der Familie von Bassewitz, in deren Besitz sich auch seit 1385 das

> Schloß Prebberede

gleichnamige Dorf befand. Im Gegensatz zur Fassade, die klassizistische Elemente aufweist, wird das Innere durch spätbarocke und Rokoko-Formen geprägt. So durch ein in seiner Art seltenes asymmetrisches, einläufiges und dreifach gewendetes Treppenhaus sowie reiche Stuckornamente im Festsaal des 1. Obergeschosses. Die Restaurierung der Fassade 1959 und des Festsaales 1960 sowie Instandhaltungsarbeiten in jüngster Zeit haben das Schloß und den gepflegten, einst barocken Landschaftspark zu einem lohnenswerten Ausflugsziel werden lassen.

Zum Park gehören auch die neogotische Schloßkapelle von 1862 mit dem Wappen der Familie von Bassewitz sowie die baulich veränderte Schmiede der Gutsanlage aus dem 18. Jahrhundert.

Nur wenige Kilometer von Prebberede entfernt liegt das im Stil der Tudorgotik errichtete **Schloß Wardow**. Das Herrenhaus von 1840 ist ein verputzter Backsteinbau, der seit den 50er Jahren als Schule genutzt wird, und befindet sich, zwar mit einem Notdach versehen, in einem guten baulichen Zustand.

Tour 3:
Güstrow – Vietgest – Burg Schlitz

Östlich von Güstrow (in Richtung Teterow) befinden sich zwei weitere nennenswerte Schlösser.

Zum einen ist es **Schloß Vietgest**, das Herrenhaus einer spätbarocken Gutsanlage, das heute als Hotel genutzt wird. Bauherr war der herzogliche geheime Kabinettrat G. F. Boldt, Baumeister J. F. Busch. Seit 1820 wechselte es die Besitzer und wurde zunächst an den Nie-

27

➤ Schloß Vietgest beherbergt heute einen Hotelbetrieb

derländer von Herzeele verkauft. 1839 ging es in den Besitz des fürstlichen Hauses Schaumburg-Lippe über, das die Anlage um Wirtschaftsgebäude erweitern ließ. Mit der Bodenreform 1945 wurde es zunächst, wie so viele enteignete Schlösser, Umsiedlern als Wohn-

➤ Die Tänzerinnen des Nymphenbrunnens

raum zur Verfügung gestellt und später als Grundschule genutzt. In Rechtsträgerschaft der CDU wurde 1979 mit einer umfassenden Restaurierung begonnen. Ebenfalls erneuert wurde der kleine Barockgarten. Doch nach der Wende sollte es keine Mitgift der DDR-CDU bleiben. 1993 schließlich wurde es an einen privaten Investor aus der Hansestadt Rostock verkauft.

Ein Schloß ganz anderer Art ist **Burg Schlitz**, ein Herrenhaus weitab vom Gutshof in einer weitläufigen englischen Parklandschaft in der Nähe des Malchiner Sees. Dieses 1806–1822 erbaute, dreiteilige Schloß zählt zu den architektonisch interessantesten klassizistischen Gebäuden in Mecklenburg. Das eindrucksvolle Schloß wurde für Graf Schlitz, Diplomat, Landwirt und Mitbegründer der 1798 gegründeten »Mecklenburgischen

➤ Burg Schlitz nach einer Darstellung aus der Mitte des 19. Jahrhunderts

Landwirtschaftsgesellschaft«, nach Plänen des Architekten F.A. Leiblin errichtet. Gemalte Wandtapeten und Porzellanöfen wurden nach Entwürfen des großen Baumeisters Karl Friedrich Schinkel gefertigt, der auch andernorts in Mecklenburg als Innenarchitekt wirkte und Gebrauchsgegenstände entwarf; so in der Klosterkirche Dobbertin, dem Jagdschloß Granitz, der Orangerie in der Neustrelitzer Schloßanlage, einem Gasthaus auf der Stubbenkammer und dem Leuchtturm auf Arkona.

Als Graf Schlitz 1831 starb, blieb bis 1930 sein Schwiegersohn Heinrich von Bassewitz Herr von Burg Schlitz. Später wurde das überschuldete Anwesen an Emil-Georg von Strauß, Vizepräsident des deutschen Reichstages, veräußert. Er war es auch, der 1930 den von Walter Schott ursprünglich für ein Berliner Kaufhaus entworfenen Jugendstil-Nymphenbrunnen mit seinen drei Tänzerinnen im Schloßpark aufstellen ließ.

Nach 1945 wurde Burg Schlitz zunächst als Unterkunft für Flüchtlinge genutzt. 1954 umfassend renoviert, beherbergte das Schloß bis 1993 ein Alten- und Pflegeheim. Seit 1999 zählt der renovierte weiße Bau zu den exklusiven Tagungs- und Konzerthotels in Mecklenburg-Vorpommern. In der ehemals schloßeigenen Schmiede ist außerdem ein Museum untergebracht, was sich zu einem Informationszentrum für die gesamte »Mecklenburgische Schweiz« entwickelt hat.

Dorfkirchen erzählen Geschichte

Auch wenn sie im Schatten der großen, insbesondere gotischen Dome und Stadtkirchen in Mecklenburg-Vorpommern stehen, sind die zahlreichen Kirchen im ländlichen Raum wichtige Zeugen der regionalen geschichtlichen und kulturellen Entwicklung. Sie bestimmen bis heute die Silhouette vieler Dörfer, und mit ihren Türmen, die aus der hügeligen Landschaft herausragen, sind sie für den unkundigen Reisenden oft der einzige Hinweis auf eine dörfliche Siedlung.

Schon die slawischen Stämme schufen Heiligtümer und Tempel. Wie ein slawischer Tempelort ausgesehen hat, können wir nur noch rekonstruieren. Im Freilichtmuseum Groß Raden bei Sternberg ist eine solche Anlage anschaulich nachgebaut worden.

Mit der Besiedlung durch die Deutschen und der damit einhergehenden **Christianisierung** entstanden auch christliche Kirchen. Die ersten Gotteshäuser waren vermutlich noch kleine, blockhausähnliche Holzkirchen, erst später errichteten die Siedler Steinbauten. Die Fülle der im ausgehenden 12. und 13. Jh. gebauten Kirchen in Mecklenburg zeugt von der Bedeutung, die das Christentum für die deutsche Besiedlung der slawischen Gebiete hatte.

Vor allem von den **Klöstern** gingen wichtige Impulse aus. Zu den neugegründeten Klöstern gehört auch das Benediktinerinnen-Kloster in Rühn bei Bützow oder das heute bekanntere in Dobbertin, mit der 1828–1837 nach Plänen von K. F. Schinkel erneuerten Klosterkirche. Über die ersten – vielleicht nur provisorischen – Holzkirchen ist wenig bekannt. Aus **Feldsteinen** entstanden seit Beginn des 13. Jh. Bauten, von denen viele die Jahrhunderte überdauerten. Der Bau wurde mit dem Chor begonnen und meist mit dem Turm beendet. Oft wurde der aus der Heimat vertraute Kirchentyp nachgebaut.

Je nach finanzieller Situation dauerte so ein Bau mitunter über Jahrzehnte oder – wie in Bellin mit einem Turmanbau aus dem Jahre 1863 – sogar Jahrhunderte. Einige Kirchen blieben auch ohne steinernen **Glockenturm**, sie haben Türme aus Holz (Boitin) oder freistehende, offene Glockenstühle (Warnow). Nach den großen Zerstörungen, wie sie z.B. der Dreißigjährige Krieg hinterließ, fehlte manchmal die Kraft für den Wiederaufbau.

Während die Kirchen in der ersten Hälfte des 13. Jh. (Spätromanik) überwiegend aus dem überall vorhandenen Feldstein gebaut wurden, findet im Übergang zur Gotik bereits der **Backstein** häufig Verwendung, später dann fast ausschließlich.

➤ Die spätromanische Feldsteinkirche in Bellin

Die Dorfkirchen im Kreis Güstrow sind auf ihre Art auch sehenswerte Denkmale. Sie hier alle zu beschreiben, ist nicht möglich. Deshalb werden lediglich Beipiele aus dem Umfeld der Städte Güstrow, Bützow und Teterow genannt.

In der Umgebung von Güstrow ist die Kirche in **Bellin** besonders sehenswert, eine Feldsteinkirche aus dem 13. Jh., nach westfälischem Vorbild gebaut, mit Wand- und Gewölbemalereien aus dem 14. und 15. Jh. und einem selten anzutreffenden Pestfenster.

In **Reinshagen** befindet sich eine frühgotische Backsteinkirche mit einem Schnitzaltar aus dem 15. Jh. und einer Orgel vom Ende des 18. Jahrhunderts. In **Kirch Kogel** gilt es, die frühgotische Feldsteinkirche mit einem Taufstein aus dem 13.

und einem Schnitzaltar aus dem 15. Jh. zu entdecken. Die Kirche beherbergt eine Orgel des Orgelbaumeisters Lütgemüller, der auch die Orgeln im Güstrower Dom 1868 und in Lohmen fertigte. In **Parum** steht eine Kirche aus Feldstein und Backstein, im 14. Jh. im gotischen Stil errichtet, mit freistehendem Glockenturm und einer 100 Jahre alten Ladegast-Orgel. Die Kirche in **Wattmannshagen** aus dem 13. Jh. zählt zu den ältesten ländlichen Kirchenbauten in Mecklenburg. Nördlich von Bützow in **Neukirchen** befindet sich die älteste Dorfkirche der Region. Zu Beginn des 13. Jh. entstanden, ist sie noch aus Feldstein erbaut, die Fenster und Portale sind allerdings bereits mit Backstein gefaßt. Sehenswert ist auch ihre Innenaus-

33

stattung, darunter ein Orgelprospekt von Paul Schmidt aus Rostock, ein für Mecklenburg bedeutenden Orgelbauer des 18. Jahrhunderts. Neukirchen ist ein herausragendes Beispiel einer reichen Landkirche aus der Zeit der westfälischen Kolonisation in der Mitte des 13. Jahrhunderts. Eine besonders gute Akustik hat die in Backstein ausgeführte Klosterkirche in **Rühn**.

In der Umgebung von Teterow sind es die Kirchen in **Walkendorf** und **Wasdow**, die besondere Aufmerksamkeit verdienen. Die Kirche in Walkendorf, ein frühgotischer Backsteinbau aus der Mitte des 13. Jh., weist Wandmalereien auf. In Wasdow steht eine der wenigen teilweise verputzten Fachwerkkirchen des 18. Jahrhunderts.

Mit dem Erhalt ihrer kleinen Dorfkirche haben viele Gemeinden heute große Sorgen. Bei fast allen lohnt ein Besuch, und die Pfarreien und Kirchenbediensteten öffnen gern ihre Häuser für Gäste.

Mit **Orgelkonzerten**, insbesondere dort, wo historische Orgeln funktionsfähig sind, und anderen Kulturveranstaltungen, machen die Dorfkirchen seit jüngster Zeit auf sich aufmerksam und bieten den Besuchern die schöne Gelegenheit, die Kirchenbauten in der besonderen Atmosphäre eines Konzertes zu entdecken und zu erleben.

Eine Landschaft für Entdecker

Wer in das Binnenland von Mecklenburg kommt, um von Güstrow aus die Mecklenburgische Schweiz zu erkunden, erlebt Natur pur. Wunderschöne alte **Baumalleen** säumen die Straßen, insbesondere an den Wegstrecken zwischen den einzelnen kleinen Ortschaften, so z.B. Kastanien die Straße von Lüdershagen nach Kölln, von Mammerow nach Rothspalk, von Carlsdorf nach Klaber, Winterlinden die Straße von Laage nach Neu Polchow, Ahorne den Weg von Zehna nach Lohmen. 600 Jahre alte Eichen stehen bei Ivenack und beeindrucken durch ihren Umfang. Kühle Schluchten an den Abhängen der Stauchmoränen erwecken den Eindruck, man befände sich im Mittelgebirge.

Von besonderem Reiz sind auch die **Durchbruchstäler**, so das Nebeldurchbruchstal bei Serrahn/Kuchelmiß und das Warnow-Mildenitz-Durchbruchstal bei Groß Görnow, dem als schützenswerte Landschaft große Bedeutung beigemessen wird. Während des »Pommerschen Stadiums« der Weichselkalt-

➤ Kastanienallee nach Augustenruh

35

zeit wurde das Tal als Gletschertor angelegt und diente später als Abflußrinne des Hauptgletschers. Mit dem Rückzug des Eises kehrte sich die Fließrichtung um, wie es zahlreiche Terrassenreste an den Hängen des bis zu 30 Meter tiefen Tales belegen.

Einen ganz anderen Eindruck vermitteln die gestalteten **Parks**, wie z.B. der Landschaftspark aus dem Jahr 1835, angelegt von Lenné in Basedow, oder der neu entstandene Natur- und Umweltpark in Güstrow mit dem Wolfsrudel, das in mondklaren Nächten unter fachlicher Führung beobachtet werden kann. In den **Flachmooren**, im Naturschutzgebiet »Krakower Obersee« und auf der Burgwallinsel im Teterower See gedeihen **seltene Orchideen** und **Tierarten**, die anderswo längst ihren natürlichen Lebensraum verloren haben.

Der »fliegende Edelstein«, der sperlingsgroße Eisvogel mit seinem farbenprächtigen Federkleid, findet an hiesigen klaren Gewässern noch immer sein Zuhause; ganz sicher ist er im Durchbruchstal bei Groß Görnow anzutreffen. Eine Augenweide sind die weiten gelben Rapsfelder im Wechsel mit grünen, saftigen Weiden und den vielen »blauen Augen« Mecklenburgs: den Söllen – Überbleibseln aus der Eiszeit.

Mecklenburgs Natur kann man auch riechen und hören. Die Nase betören blühende Felder, der Duft von frischem Heu und der erdige Geruch frisch gepflügter Felder im Herbst. Und hören kann man im Frühjahr die trompetenden Stimmen der großen, scheuen Kraniche, die markanten Rufe der Kiebitze, das Schnäbeln der Störche, das Schnattern Tausender Gänse, die sich im Herbst auf den Feldern sammeln, um auf die Reise in den Süden zu gehen, oder das laute Surren vorbeifliegender Schwäne auf der Suche nach einem Winterquartier. Für den Naturfreund bietet jede Jahreszeit genug zu entdecken.

➤ Naturerlebnis Mecklenburg
➤ Rechts: Bootshaus am See

Güstrow –
Paradies des Nordens

Die Stadt Güstrow hat viele Facetten und entsprechend viele Beinamen. Ob dies als Zeichen eines besonders stark entwickelten Lokalpatriotismus zu werten ist oder vielleicht auch nur als Spiegelbild des eher provinziellen Milieus, das sei dahingestellt.

»Barlach-Stadt«, »Residenzstadt«, »Herz Mecklenburgs« – diese Beinamen sind historisch und geographisch belegt. Nicht so eindeutig ist es mit dem Zusatz »Klein Paris«. Waren dafür die rauschenden Feste namensgebend, die die Gutsherren im »Erbgroßherzog«, dem damals größten Hotel- und Saalbau Mecklenburgs und heutigen Hotel Stadt Güstrow, feierten, wenn ihre Geschäftsabschlüsse beim größten Mecklenburger Markt, dem Güstrower Wollmarkt, den

gewünschten Erfolg gebracht hatten? Oder waren es die »ästhetischen Tees« Pariser Machart, die mit dem jungen Flotow Einzug in die bürgerlichen Stuben Güstrows hielten?

Erst 1995 wurde der Beiname »Paradies des Nordens« geprägt: Der Maler Alexander Dettmar, gebürtiger Freiburger, der sich dem Norden aber in besonderer Weise verbunden fühlt, war 1994 ins Mecklenburgische gereist, nach Güstrow. Insbesondere die Entscheidung Barlachs, Güstrow zu seiner Wahlheimat zu machen, hatte in ihm die Neugier auf diese Stadt in dem neuen Bundesland Mecklenburg-Vorpommern geweckt. Ihm war bekannt, mit welcher Begeisterung Barlach über den altehrwürdigen Dom und dessen gotische Holzfi-

guren, die zwölf Apostel aus der Werkstatt des Lübeckers Claus Berg (um 1530), vor allem aber über die Getrudenkapelle als ideale Umgebung für einen Bildhauer wie ihn geschrieben hatte. In Güstrow angekommen, konnte Dettmar nachempfinden, was Barlach zu diesem Ortswechsel bewogen hatte. Und als er auch im Umfeld von Güstrow Motive für seinen Bilderroman suchte, fühlte er sich zurückversetzt in die Zeit Fritz Reuters, des bekannten niederdeutschen Schriftstellers des 19. Jahrhunderts, der in seiner »Urgeschicht von Meckelnborg« das Paradies der Schöpfungsgeschichte unweit von Güstrow, in der herrlichen Krakower Landschaft hatte entstehen lassen.

»Diese einfache, schöne und klare Gegend hat mich mit ihrem paradiesisch herben Charme verführt. Mensch, Landschaft und Architektur sind hier noch eine Einheit«, schreibt Dettmar im Katalog zu seinem Bilderzyklus »Paradies des Nordens«, und »nur so konnte ich meinen Mecklenburg-Güstrow-Roman taufen«.

➢ Stadtsilhouette von Güstrow

39

Stadtchro

1226	Heinrich Borwin II. (Enkel Pribislaws und Heinrichs des Löwen) stiftet den Dom als Kollegiatskirche.
1228	Verleihung des Stadtrechts nach dem Vorbild Schwerins durch Borwin II. In jener Zeit entstehen die noch heute erhaltene städtebauliche Struktur sowie eine Burg als Vorläufer des Schlosses.
ab 1229	Residenz der Fürsten zu Werle. 1436 stirbt diese Linie aus.
1293	Erwähnung einer festen Stadtmauer mit vier Doppeltoren
1308	erste Erwähnung der Pfarrkirche (Baubeginn um 1230) und der Heiliggeistkirche
1430	erste Erwähnung der Gertrudenkapelle
1503	Erster Stadtbrand: Vernichtung des Rathauses mit dem Archiv; nur Burg, Dom, Gertrudenkapelle und einige Häuser am Ziegenmarkt bleiben erhalten.
1508	zweiter Stadtbrand
1512	dritter Stadtbrand
1552	Abschluß der Reformation in Güstrow mit Auflösung des Domkapitels
ab 1556	bis 1695: Residenz der Herzöge von Mecklenburg
1579	Bau der Domschule (ältestes Schulgebäude Mecklenburgs)

➤ Schloß und Marktplatz in Güstrow um 1850

40

1621	Aufteilung Mecklenburgs in Mecklenburg-Schwerin und Mecklenburg-Güstrow (zweite Landesteilung)
1628–29	Wallenstein residiert als mecklenburgischer Herzog im Güstrower Schloß.
1631	Rückkehr der Herzöge und 1635 Wiedereinsetzung
1695	Die Güstrower Herzogslinie erlischt durch den Tod des Herzogs Gustav Adolph.
1701	Durch den Hamburger Erbvergleich entsteht neben Mecklenburg-Schwerin noch Mecklenburg-Strelitz (dritte Landesteilung).
1708	Das Land- und Hofgericht wird nach Güstrow verlegt.
1712	Waffenstillstandsverhandlungen während des Nordischen Krieges (1700–1721) in Güstrow
1785	Der spätere Meister der romantischen Malerei, Georg Friedrich Kersting, wird geboren.
1798	Das Rathaus erhält seine jetzige klassizistische Fassade.
1803	Güstrow hat ca. 7.000 Einwohner.
1806–12	Besetzung Mecklenburgs durch Truppen Napoleons
1811	Einrichtung eines französischen Lazaretts im Schloß
1813	Güstrow ist Zentrum der Freiheitsbewegung in Mecklenburg.
1817	Das Schloß wird »Landarbeitshaus« (200 bis 600 Insassen).
1823	Bau der Justizkanzlei am Schloßplatz

41

Stadtchro

ik

1959	Eröffnung des Tierparks als Heimattierpark. 1991 Beschluß für die Erweiterung zu einem Natur- und Umweltpark (NUP). Im Mai 2000 Eröffnung des Umweltbildungszentrums mit Aquatunnel
1963–80	Restaurierung des Renaissanceschlosses und Neuanlage des Renaissancegartens
1974–78	Der Pferdemarkt und Teile des Marktes werden zum Fußgängerbereich umgestaltet.
1978	750-Jahrfeier der Stadt. Eröffnung des Atelierhauses als Gedenkstätte für Ernst Barlach
1989	politische Umwälzung auch in Güstrow
1990	Verwaltungsreform: Aus den drei Nordbezirken wird das Land Mecklenburg-Vorpommern
1991	Güstrow wird Modellstadt für Altstadtsanierung.
1992	Güstrow wird Modell für eine »umweltgerechte Stadt«.
1994	Durch Zusammenschluß der Kreise Güstrow, Teterow und Bützow entsteht der Großkreis Güstrow mit 118.615 Bewohnern. Güstrow bleibt Kreisstadt (36.500 Einwohner).
1999	Güstrow wird registrierter Außenstandort der Expo 2000 in Hannover.
2000	Eröffnung des Badeparadieses „OASE".

➤ Zeichnung nach Barlachs Stukko
»Das Wiedersehen«, 1926

43

Aus der Geschichte Güstrows

Güstrow zur Zeit
der Stadtgründung

Im Jahr 1228 erhielt Güstrow das Stadtrecht. Eine Urkunde über die Stadtgründung ist nicht überliefert, wohl aber eine Bestätigungsurkunde des Stadtrechts von 1305, die wiederum den vollen Wortlaut einer Urkunde vom 1. November 1228 enthält. Die Gründung Güstrows wird daher auf dieses Datum zurückgeführt.

Doch lange vorher, vermutlich schon im 8. Jh., hatten hier slawische Stämme gesiedelt. Im Güstrower Gebiet weisen unter anderem Keramikfunde auf die Existenz slawischer Burgwälle hin, die als Wehranlagen dienten. Das fachlich geschulte Auge wird in Bölkow am Inselsee noch heute die Spuren einer **Burgwallanlage** erkennen. Weitaus anschaulicher informiert das archäologische Freilichtmuseum in Groß Raden bei Sternberg, nur ca. 25 km von Güstrow entfernt, über slawische Burgwälle und Siedlungen.

Zunächst waren es Bauern und Viehzüchter, die im Güstrower Gebiet ansässig wurden. Die Siedlung, im Tal der Nebel in sumpffreier Niederung und im Schnittpunkt wichtiger Handelsstraßen gelegen, entwickelte sich bald zu einem bedeutenden Handelsort. So ist auch

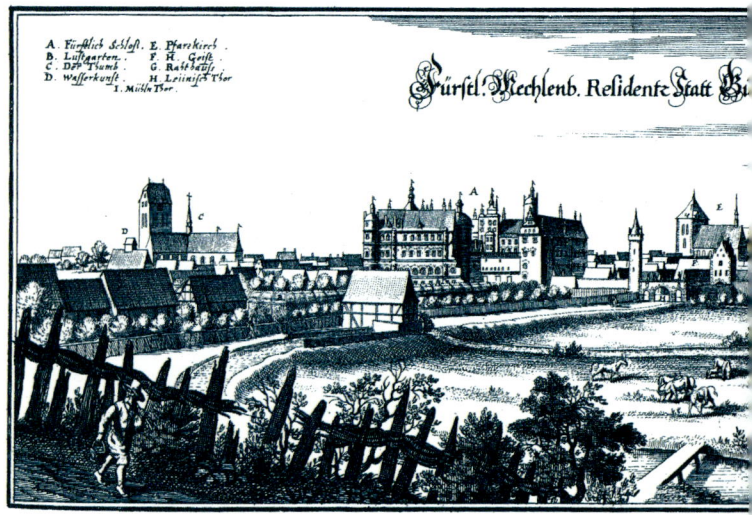

verständlich, daß **Heinrich Borwin II.**, der als Gründer der Stadt gilt, 1219 seinen Sitz von der alten Stammburg Werle bei Schwaan nach Güstrow verlegte und hier eine neue Burg errichten ließ. Mit dieser Entscheidung und der des Bischofs, hier einen kirchlichen Mittelpunkt für die Christianisierung zu schaffen, war der Grundstein gelegt für einen günstigen Werdegang Güstrows. Im Jahre 1226 stiftete der Wendenfürst, ein Enkel Heinrichs des Löwen, noch kurz vor seinem Tod den **Dom**, das älteste erhaltene Bauwerk der Stadt.

Mit den Funktionen weltlicher und kirchlicher Macht ausgestattet, entwickelte sich die junge Stadt sehr schnell. 1290 wurde die ursprüngliche Einfriedung, ein Plan-

➤ Merian-Ansicht von 1652

kenzaun, durch eine feste Stadtmauer mit vier Doppeltoren ersetzt: dem Hageböcker, Gleviner, Mühlen- und Schnoientor.

Bestandteil dieser mittelalterlichen **Stadtbefestigung** war auch der Armesünderturm, dessen unterer Teil noch aus dem 13. Jh. stammt. Reste der Stadtmauer sind heute noch vorhanden: in der Hageböcker Mauer, in geringen Teilen in der Gleviner Mauer und zwischen Dom und Pfaffenteich, zu erreichen von der Teichseite aus. Die ursprünglichen Tore mußten hingegen weichen. Zu Beginn des 19. Jh. wurden sie durch neue, den Verkehrsbedingungen angepaßte, »zeitgemäße« Anlagen ersetzt. »Tüchtige Baumeister, durch eine wirtschaftliche Blüte ermutigt und ihrer Gestaltungskraft bewußt, empfanden wohl die wuchtigen gotischen Baumassen zu zwingerhaft und legten sie nieder.«

Heute stehen noch zwei Torschreiberhäuschen am Gleviner Tor und eines Am Berge, ehemals das Mühlentor, und »erinnern an jene Zeiten, wo am Abend das Stadttor die Welt der Ordnung und des Friedens verriegelte«.

Im Zentrum der Stadt befindet sich ein großer Marktplatz und auf dessen Mitte das Rathaus und die Pfarrkirche. Das gitterförmige Straßennetz ist typisch für die im 12. und 13. Jh. planmäßig angelegten Städte. Die als Grünanlagen bzw. als Bürgerpark erhaltenen Wallanlagen lassen die ursprüngliche Begrenzung der historischen Altstadt erkennen. Die älteste überlieferte

45

Stadtansicht enthält die sogenannte »Vicke-Schorler-Rolle« von 1585. Nach acht Jahren Arbeit (1578–1586) hatte Schorler einen einzigartigen aquarellierten Fries mit einer Länge von fast 19 Metern und 60 Zentimetern Höhe als »Abkontrafaktur« gefertigt. Dargestellt ist hier u.a. die fürstliche Stadt Güstrow, die inzwischen (Teil-) Residenz der Fürsten von Mecklenburg-Güstrow geworden war.

Güstrow als Residenzstadt

Anfang des 16. Jh. begann für die 5.000 Einwohner zählende Stadt Güstrow eine neue Zeit. Drei große, nur kurz aufeinanderfolgende **Stadtbrände** (1503, 1508, 1512) zerstörten fast die ganze Stadt. Nur die Burg, der Dom, die Gertruden- und die Heiliggeistkapelle als Spitalkapellen und einige Häuser um den Ziegenmarkt (Mühlenstraße/ Ecke Lange Straße) blieben erhalten. Doch dem ökonomisch bereits starken **Bürgertum** gelang es innerhalb kürzester Zeit, die Stadt wiederaufzubauen. Ihre Kirche, die Stadtpfarrkirche, errichteten sie innerhalb von nur fünf Jahren. Wie schnell sie wieder ein Rathaus zur Verfügung hatten, ist nicht überliefert.

Aber als zu Beginn des 16. Jh. in Mecklenburg die Union der Landstände neben die Fürstenhoheit trat und regierend mitbestimmte, befand sich Güstrow unter den Städten, deren Bürgermeister den dritten der drei Stände – neben der Geistlichkeit und der Ritterschaft – bildete. Angesichts dieser Machtverteilung wird es gewiß nicht lange gedauert haben, bis die Bürger ihr Rathaus neu aufgebaut hatten. Doch nicht nur die Bauten der Machthabenden wurden in kurzer Zeit errichtet. Auch Bürgerbauten entstanden neu, auf den alten Standorten und in der traditionellen Fachwerkbauweise, wie sie heute noch vielfach erhalten ist, wenn auch später neue Fassaden vorgesetzt wurden. Damit blieben der mittelalterliche Stadtgrundriß und die Stadtstruktur im wesentlichen bis in die heutige Zeit erhalten.

In der zweiten Hälfte des 16. Jh. erlebte Güstrow einen enormen Aufschwung. Als Ergebnis des **Ruppiner Schiedsspruchs** von 1555 wurde das Land Mecklenburg unter den beiden Söhnen von Johann Albrecht dem Schönen aufgeteilt. Mit Zustimmung der Stände erhielt Albrecht den Westen mit Schwerin und Ulrich den Osten mit Güstrow. 1556 wählte **Ulrich III.**, der seit 1550 Administrator des Bistums Schwerin mit Sitz in Bützow war, Güstrow als Residenz.

Er war der bedeutendste Herzog des Güstrower Landesteils und führte die Stadt in glanzvolle Zeiten in des Wortes doppelter Bedeutung.

Ulrich begrüßte den aufkommenden **Humanismus**, förderte Kunst und Wissenschaft und machte Güstrow in jeder Hinsicht zum Mittelpunkt seines Landes. Er pflegte

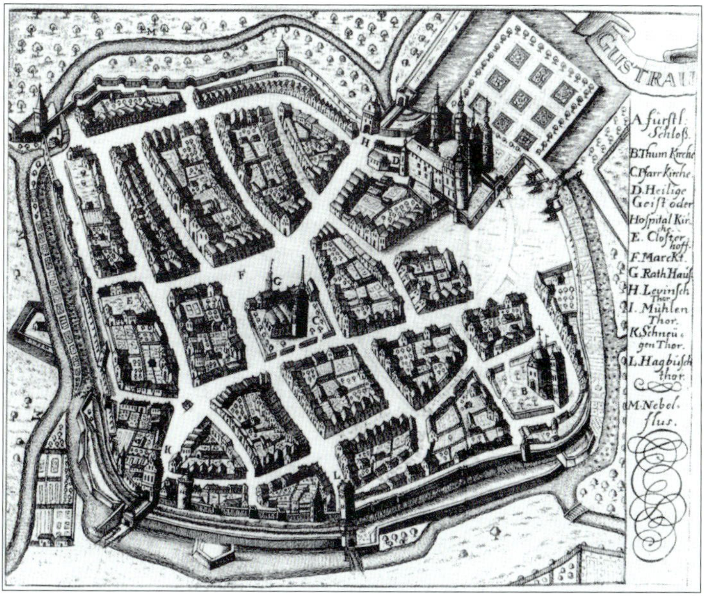
GÜSTRAU
A fürstl. Schloß.
B. Thum Kirche
C. Pfarr Kirche.
D. Heilige Geist oder Hospital Kirche.
E. Closter hoff.
F. Marckt.
G. Rath Hauß
H. Levinsch Thor
I. Mühlen Thor.
K. Schneügen Thor.
L. Hagbüsch thor.
M. Nebel flus.

➢ *Güstrow aus der Vogelperspektive, um 1700*

Korrespondenz mit anderen Fürstenhäusern, lud Gesandtschaften und Fürsten nach Güstrow ein und holte bedeutende Künstler und Gelehrte in die Stadt. Er stand in Verbindung mit dem bekannten Astronomen Tycho Brahe sowie dem Mathematiker und Geographen Tilemann Stella, der auch die erste Karte von Mecklenburg erarbeitete.

An seinem Hof arbeiteten Instrumentenbauer wie Peter Jachenow, dessen Hodometer (Wegmesser), ein Geschenk Ulrichs an seinen dänischen Schwiegervater König Friedrich II., im Kopenhagener Nationalmuseum zu sehen ist. Der Schüler Luthers und Melanchthons, **Gerd Oemcke**, der maßgeblich an den Visitationen der Kirchen im Lande beteiligt war, wirkte seit 1547 als Domprobst. In den Jahren zwischen 1552 und 1562 war er Superintendent in Güstrow. In der Pfarrkirche erinnert ein Epitaph an diesen ersten Güstrower Superintendenten, und im Stadtteil Dettmannsdorf ist das Gemeindehaus nach ihm benannt worden. Herzog Ulrich, der dem reformatorischen Gedankengut sehr nahestand, unterstützte den Kampf der Theologen gegen Abweichungen von **Luthers Lehre**. Die mit der Säkularisierung verbundene Einziehung von Kirchengütern stärkte zudem seine eigene ökonomische und politische Macht.

An den Fürstenhöfen in Mecklenburg hatte die humanistische Bildung Einzug gehalten, auch wenn die feudale Kultur und, wie der Kanzler Hans von Schweinichen 1573 über seinen Aufenthalt in Güstrow berichtete, die primitive Völlerei weiterhin Bestand hatten. Zu diesem neuen, auf Wohlgefühl ausgerichteten Lebensstil der zweiten Hälfte des 16. Jh. paßte die alte Burganlage, die noch als mittelalterliche Verteidigungsburg errichtet worden war, allerdings nicht mehr. Als 1557 ein großer Teil der Burganlage abbrannte, behaupteten daher Zeitgenossen, daß der Herzog seine Finger im Spiel gehabt haben soll. Stichhaltige Beweise gibt es dafür freilich nicht. Herzog Ulrich jedenfalls beauftragte daraufhin den aus einer lombardischen Baumeisterfamilie stammenden Architekten **Franz Parr** mit dem Neubau einer repräsentativen Residenz. In der Zeit zwischen 1558 und 1598 enstand in drei Bauphasen das Schloß.

Der **Bau des Schlosses** erforderte fähige Baumeister, Stukkateure, Künstler und Handwerker. Sie hinterließen ihre Spuren überall in der Stadt. Insbesondere Franz und Christoph Parr, Philipp Brandin und Klaus Midow wurden als Architekten auch bei der umfassenden Restaurierung des Domes tätig. Als 1549 die evangelische Lehre Landesreligion in Mecklenburg wurde, hob man ein Jahr später das Domkapitel auf, der Dom stand leer. 1565 veranlaßte daher Herzogin Elisabeth, die Gemahlin Ulrichs, die gründliche Erneuerung des Domes und den Bau eines verdeckten Ganges vom Schloß zum Dom.

Das Leben in der Stadt pulsierte. Landstraßen wurden gepflastert, öde Landstriche, wie seinerzeit die Heidberge in Güstrow, wurden aufgeforstet. Das **Marktleben** entwikkelte sich. 1563 fanden die ersten großen Viehmärkte statt und Güstrow wurde zum wichtigsten Umschlagplatz im Binnenland. In die Regierungszeit Ulrichs fiel auch die Schaffung des **obersten Landesgerichts**, das später seinen Sitz in Güstrow hatte. Im Interesse der humanistischen Bildung wurde die **Domschule** errichtet, heute das älteste noch erhaltene Schulgebäude in Mecklenburg. Bis zum Tod Ulrichs III. im Jahre 1603 stand Güstrow im Mittelpunkt des wirtschaftlichen und politischen Geschehens in Mecklenburg. Zu dieser Vormachtstellung gelangte die Stadt erst wieder zu der Zeit, als Wallenstein von 1628-1630 im Güstrower Schloß residierte.

Im **Dreißigjährigen Krieg** stand Herzog Johann Albrecht II. auf der Seite des protestantischen Dänenkönigs Christian IV. Zur Vertreibung der dänischen Truppen rückte **Albrecht von Wallenstein** gemeinsam mit Graf von Tilly und Herzog Georg von Lüneburg 1627 als General der kaiserlichen Truppen in Mecklenburg ein, besetzte zunächst die Festung Dömitz und noch im gleichen Jahr die Residenzstadt Güstrow. Nachdem er 1628 das Herzogtum Mecklenburg

> Ansicht der Stadt Güstrow im Jahre 1632

mit landesfürstlichen Hoheitsrechten vom Kaiser als Pfand für die von ihm verauslagten Kriegskosten erhalten hatte – drei Millionen Reichstaler sollen es gewesen sein – wählte er wegen der zentralen Lage Güstrow als Regierungssitz. Sein Gefolge brachte der »General des baltischen und oceanischen Meeres« in den vornehmsten Häusern der Stadt unter. Wallenstein selbst regierte, wenn auch nur für knapp zwei Jahre, mit großem Prunk im Schloß. Der Chronist Cosmus von Simmern berichtete 1629, daß die **Hofhaltung** noch üppiger gewesen sei als die der römischen Kaiser. So umstritten auch die Person Wallensteins selbst ist, so führte er eine Reihe von **fortschrittlichen Neuerungen** ein, die zwar vordringlich der Festigung der Zentralgewalt in Deutschland und damit der Zurückdrängung der Partikularmächte dienten, sich aber insgesamt positiv auf das Land und die Stadt Güstrow auswirkten. Mecklenburg stand für kurze Zeit durchaus auf der Höhe der Zeit. So verfügte es z.B. über einheitliche Maße und Gewichte, über eine Postordnung, durch die alle größeren Orte des Landes miteinander verbunden wurden, sowie über Gesetze zur Verbesserung des Gerichts-, Schul- und Armenwesens. In Güstrow selbst ließ Wallenstein bauliche Veränderungen am **Schloß** vornehmen, baute einen Eiskeller, ließ ein Fasanenhaus errichten, und rund um das Schloß wurden Gemüse- und auch Lustgärten angelegt. Im Juli 1629 verließ Wallenstein mit großem Gefolge Güstrow, nicht ahnend, daß er nie wieder zurückkehren sollte. 1634 wurde er von seinen Offizieren in Eger ermordet.

49

Güstrow als Kongreßstadt

Immer wieder schaffte es die kleine Stadt, sich wirtschaftlich zu behaupten und auch in der Politik ein Wörtchen mitzureden. Von den kriegerischen Auseinandersetzungen während des Dreißigjährigen Krieges bis zur Befreiung von der Besetzung durch die Franzosen erholte sich die Stadt offenbar schneller als manche ihrer Nachbarn. Ihre zentrale Lage in Mecklenburg und feste Einbindung in jahrhundertealte Handelsbeziehungen, aber auch Stolz und Verantwortung der Bürger für ihr Gemeinwesen, bestimmten Güstrows Entwicklung im 19. Jahrhundert. Es entstanden verarbeitende Betriebe für Milch, Zucker, Kartoffeln und Getreide, eine Eisengießerei und Maschinenfabrik sowie ein Wasserwerk. Die **Verkehrswege** wurden ausgebaut. Die Eisenbahnlinien Güstrow–Bützow (1850) und Güstrow–Plau (1882) wurden in Betrieb genommen, Güstrow erhielt mit dem Bau des schiffbaren Bützow-Güstrow-Kanals einen Hafen (1896) und damit über die Warnow einen Zugang zur Ostsee. Das **kulturelle Leben** erfuhr mit dem Bau des Theaters 1828 einen Aufschwung. 1834 wurde die noch heute für ihr interessantes Angebot bekannte Verlagsbuchhandlung Opitz eröffnet, das Schulwesen wurde reformiert, es entstanden Volksschulen und eine Gewerbeschule. Auch politisch gewann Güstrow wieder an Bedeutung: Die Stadt wurde als Versammlungsort der **Reformparteien** für Mecklenburg zu einem Zentrum der Revolution von 1848. Die Justizkanzlei wurde gebaut, in der das oberste Landgericht tagte, und 1887 wurde Güstrow schließlich Garnisonsstadt.

Im Stadtbild zeugen noch heute die vielen klassizistischen Bauten und Fassaden, die das Aussehen der Stadt in besonderer Weise prägen, vom einstigen Wohlstand der Bürgerschaft. Auch wenn sich an der Schwelle vom 19. zum 20. Jh. die

➤ Van Tongelsche Stahlwerke um 1920

50

➤ Die Hageböcker Straße um 1905

Auswirkungen der fortschreitenden Industrialisierung bemerkbar machten, blieben in Güstrow **Handwerk und Handel** bestimmend. Im Bereich des Handels war es vor allem der weit über die Grenzen Mecklenburgs bekannte **Wollmarkt**, der 1869 mit einem Umschlag von 16.000 Zentnern und 1912 gar von über 17.500 Zentnern Wolle Höhepunkte seiner Entwicklung erreichte und nachweislich der größte Markt seiner Zeit war.

Große Landmaschinen- und Gewerbeausstellungen oder traditionelle Tiermärkte wurden begleitet von den unterschiedlichsten **Fachkongressen**. Landwirte aus ganz Mecklenburg waren hier vertreten. Für sie war Güstrow die Landeshauptstadt, und so bekam 1936 folgerichtig die Landesbauernschaft hier ihren Sitz. Um 1900, als knapp 17.000 Einwohner in der Stadt lebten, gab es über 200 Betten in 15 Hotels und Gasthäusern. Zu den größten Hotels zählte damals wie heute das Hotel am Markt, erstes Haus am Platze, einst »Erbgroßherzog« und seit 1945 »Hotel Stadt Güstrow«.

Bis 1939 behauptete sich Güstrow als **Kongreßstadt**. Mit dem Zweiten Weltkrieg fand diese Entwicklung ein Ende. Zwar gab es noch bis in die Mitte der 50er Jahre hinein Versuche, die alten Traditionen neu zu beleben, doch mit der Neugliederung des Landes in die drei Nordbezirke erhielten die »Bezirkshauptstädte« zu DDR-Zeiten bei der Entwicklung von Kongreßzentren Vorrang.

Güstrow im 20. Jahrhundert

»In unerhörter Begeisterung hinter dem Führer« lautete eine Schlagzeile des »Rostocker Anzeigers« vom 3. Juli 1934 nach der »Reichssäuberungsaktion« gegen SA-Stabschef Röhm. In der Tat standen auch in Mecklenburg die meisten Menschen nach der Machtübernahme der **Nationalsozialisten** hinter dem neuen Regime, schien es doch einen Wohlfahrtsstaat mit sozialer Sicherheit und Arbeit für alle zu bieten. Doch wer den Zusammenhang zwischen dem wirtschaftlichen Aufschwung und der Verbesserung der Lebensverhältnisse einerseits und der Kriegsvorbereitung und rassistischen Ausgrenzung der Juden andererseits durchschaute und sich deshalb nonkonform verhielt, war der Verfolgung ausgesetzt. Kommunisten, Sozialdemokraten und Gewerkschafter wurden verfolgt und inhaftiert, die jüdische Bevölkerung ausgegrenzt und verschleppt und die reiche Kultur der Weimarer Jahre nationalistisch eingeebnet. Die Zerstörung des »Schwebenden« von Ernst Barlach durch die Faschisten mag dafür beispielhaft stehen.

Ein großer Teil der Bevölkerung verschloß die Augen vor den Verbrechen des »1000jährigen Reiches« und folgte dem »Führer«, mitunter begeistert, zumindest willig – erst als die Kriegsniederlage unvermeidlich wurde, oft auch widerwillig. Am **2. Mai 1945** kapitulierte Güstrow. In letzter Minute konnte der geplante Angriff auf die Stadt, die voller zufluchtsuchender Flüchtlinge und Verwundeter war, verhindert werden. Eine kleine Gruppe engagierter Bürger hatte sich für die kampflose Übergabe der Stadt eingesetzt. Sie hatten den Kontakt zur Roten Armee hergestellt, die bereits das nur 16 km entfernte Lalendorf erreicht hatte, und damit den sinnlosen Tod von Soldaten und Zivilisten und die Zerstörung der historisch gewachsenen Stadt verhindert.

In den folgenden fast 50 Jahren DDR wurde einiges zum Erhalt der **historischen Bausubstanz** getan. Noch in den 50er Jahren sollten die Städte ein »sozialistisches Aussehen« bekommen, d.h., die Stadtkerne sollten entsprechend den damaligen Vorstellungen von Fortschritt modernisiert und neu gestaltet werden. An der TU Dresden entstanden auch für Güstrow Pläne, die, ähnlich den Fortschrittsvorstellungen im Westen, den historischen Stadtkern zerstört hätten. Doch diese Ideen konnten sich nicht durchsetzen. Kulturgeschichtlich Interessierte erhoben ihre Stimmen, und mit der Verabschiedung des **Denkmalpflegegesetzes** der DDR von **1975** wurde der Grundstein für den Erhalt und die Pflege historischer Stadtkerne gelegt. Güstrow gehörte jetzt zu den 22 Städten, deren Stadtkern unter Schutz gestellt wurde.

In der zentralen Denkmalliste der DDR wurde das Terrain folgendermaßen festgeschrieben: »Altstadtbereich, umgrenzt durch die Straßen Am Wall, Hageböcker Mauer, Schnoienstraße, Am Berge, Kleine und Große Glevinier Mauer, südliche Bebauung des Franz-Parr-Platzes und die Grundstücke südlich der Philipp-Brandin-Straße mit Schloß, Dom, Rathaus und Stadtpfarrkirche.«

Einzelne Objekte und Ensembles wurden entsprechend ihrer Bedeutung in den Bezirks- bzw. Kreisdenkmallisten erfaßt. In Güstrow wurde diese Liste im Oktober 1978 in einer Ratssitzung beschlossen. Damit waren zwar die Grundlagen geschaffen, um einem Abriß historischer Substanz entgegenzuwirken, was aber wurde zu ihrer Erhaltung getan? In dem Beschluß heißt es dazu: »Zur Pflege und Erhaltung der Denkmale ... der Stadt Güstrow werden jährlich 3% der zur Verfügung stehenden Reparaturkapazitäten eingesetzt.«

Von insgesamt 3.350 Wohngebäuden fielen 142 (4,2%) in die Kategorie »Baudenkmale«, 28% wurden in die Verschleißgruppe 3 (schwere Schäden) eingestuft, 37% der Wohnungen hatten Kohleofenheizung, kein Bad und meist ein gemeinschaftlich genutztes Außen-WC. Diese Zahlen machen deutlich, daß dem Neubau von Wohnungen weit mehr Bedeutung beigemessen wurde als der kostspieligen Sanierung ausgesuchter Ensembles.

In der Südstadt entstanden in drei Bauabschnitten fast 4.800 Wohnungen für ca. 15.000 Mieter, ein weiteres großes Neubaugebiet wur-

de 1988 am Distelberg im Norden der Stadt begonnen; kleinere Neubaugebiete, wie in der Elisabethstraße, konnten bis zu diesem Zeitpunkt bereits abgeschlossen werden.

Doch bei allem Elan für den dringlichen **Wohnungsbau** wurde die historische Substanz der Stadt nicht vergessen. Die schon erwähnten Beschlüsse zum Schutz des Stadtkerns aus DDR-Zeiten und die Sensibilität der Güstrower für den Wert ihrer historischen Stadt waren sicherlich ausschlaggebend dafür, daß Güstrow 1991 in das Programm **»Städtebaulicher Modellvorhaben«** des Bundes aufgenommen wurde. Im Stadtzentrum sind bereits vielfältige Ergebnisse dieser zielgerichteten **Sanierung** sichtbar. Und eines ist die Stadt mit Sicherheit: ein attraktiver Veranstaltungsort. Neue bzw. modernisierte Hotels mit solider bis gehobener Ausstattung und einem entsprechend breiten Angebot von Tagungsräumen sind in den letzten zehn Jahren entstanden. Gaststätten mit landestypischer Küche und Cafés laden zum Verweilen ein. Mit dem Abschluß infrastruktureller Maßnahmen hat sich Güstrow mit seinem einmaligen Ambiente zu einem ernstzunehmenden Mitbewerber in Mecklenburg-Vorpommern entwickelt.

Musikleben in Güstrow

Schon immer war Güstrow ein Ort mit musischen Ambitionen. Sicher wurde der Grundstein hierfür in der Zeit gelegt, als Güstrow Residenzstadt war. Doch man bewahrte diese kulturellen Traditionen bis in die Gegenwart. Aktive Chöre, eine stark frequentierte Musikschule und vielfältige musikalische Angebote belegen dies.

Die musischen Traditionen lassen sich bis ins 16. Jh. zurückverfolgen. Wie aus alten Akten ersichtlich, war es zunächst die Güstrower Residenz, in deren Festsaal die Musikanten zum Vergnügen der sich dort versammelnden fürstlichen Gesellschaft aufspielten. Zwar hing die Förderung der **höfischen Musik** auch von der Begeisterungsfähigkeit des Fürsten ab – daran hat sich bis heute abgesehen vom Titel der Geldgeber nichts geändert – doch andererseits gehörte es zum guten Ton, im Rahmen der Hofhaltung beträchtliche Summen für Musikkapellen auszugeben.

Güstrow hatte Glück mit seinen Fürsten, denn Herzog Ulrich, der erste im Schloß residierende Herzog, beschäftigte nicht nur einen Kapellmeister und Komponisten, sondern auch Organisten, Harfenspieler, Zinkenbläser, Trompeter und zugehörige Gesellen. Auch unter seinen Nachfolgern gab es immer wieder Glanzzeiten für die Musik in Güstrow. So mit dem Regierungsantritt von Gustav Adolf,

dem letzten Güstrower Herzog (1654–1695). Als ebenso musikalischer wie prunkliebender Mensch holte er entsprechend der damaligen Mode zahlreiche Musiker aus dem Ausland an seinen Hof. Als Hoforganist und -pianist wirkte in jener Zeit, die als die Blütezeit festlich-repräsentativer **Barockmusik** gilt, Albert Schop, Sohn des bekannten Hamburger Geigers Johann Schop.

Mit dem Tod des Herzogs verlor Güstrow den Status einer Residenzstadt und das musikalische Leben damit seine wichtigste Stütze. Von nun an mußte die Bürgerschaft die Pflege der weltlichen Musik selbst übernehmen, und ihr gelang es in der Tat, Güstrow den Ruf einer besonders musikliebenden Stadt einzubringen. Der Komödiensaal des Rathauses, die Konzerthalle am Wall, die 1925 niederbrannte, und das 1828 erbaute Theater wurden zu den neuen Veranstaltungsorten. Mit dem Namen Johann Carl Christian Fischer (1752–1807) verbinden sich nicht nur die Anfänge öffentlicher **bürgerlicher Konzertpflege** in Güstrow. Er war es, der die Frühformen bürgerlicher Opernkultur nach Güstrow brachte. Fischer war Mitbegründer und Leiter der »Güstrowschen Musikalischen Sozietät« und bewältigte mit der Aufführung von 25 Konzerten im Jahre 1783 bereits ein gewaltiges Kulturprogramm.

55

In der ersten Hälfte des 19. Jh. gab **Carl Bierwerth** in Güstrow den Ton an - ein halbes Jahrhundert war er der Stadtmusikus und prägte das musikalische Leben der Stadt entscheidend mit. Im Winter wurden im Jahnschen Gasthof (Hotel Stadt Güstrow) und im Wallhotel Konzerte aufgeführt, die von Bierwerth zu Symphoniekonzerten weiterentwickelt wurden. 1819 gründete sich auch ein Güstrower **Gesangsverein**, dessen erster Dirigent Otto Ludwig Gabillon wurde.

Von 1864 bis 1912 wirkte der in Röbel gebürtige **Johannes Schondorf** als städtischer Musikdirektor und Komponist in Güstrow. Bereits mit 22 Jahren war Schondorf 1855 Berufsmusiker in Neubrandenburg geworden und stand als Organist, Klavierlehrer, Dirigent des Gesangvereins und als Kapellmeister bald im Mittelpunkt des Musiklebens. Mit dem niederdeutschen Dichter Fritz Reuter, der ein Jahr später nach Neubrandenburg kam, schloß der 23 Jahre jüngere Schondorf schnell Freundschaft, und es störte ihn durchaus nicht, wenn Reuter von sich sagte: »In musicis barbarus sum.« In Neubrandenburg lernte Schondorf seine erste Frau kennen. Das Gehalt der Organistenstelle war für die Familie mit drei Kindern recht karg, und so war er froh, als er an die Pfarrkirche in Güstrow überwechseln konnte.

In Güstrow fand er ein breites Betätigungsfeld vor. Seit 1867 war er Dirigent des von Gabillon gegründeten Gesangsvereins und leitete diesen über 40 Jahre. Zu Beginn des 20. Jh. faßte Schondorf die großen Güstrower Gesangsvereine zusammen und wurde Chormeister des **Sängerbundes**. Er verstand es, bedeutende Künstler nach Güstrow zu holen, so Clara Schumann, Hans von Bülow, Johannes Brahms und Eugen Hildach.

1890 wurde Schondorf zum großherzoglichen Musikdirektor ernannt. Seinen größten Triumph feierte er beim elften **Mecklenburger Musikfest** 1891, anläßlich dessen ein großer Teil seiner Lieder gesungen wurde. Als Musiklehrer an der Domschule legte er den Grundstein für die Erfolge seiner überregional bekannten Schüler Gustav Havemann und Carl Adolf Martienssen. Ihm selbst setzte Fritz Reuter in »Abenteuer des Enspektor Bräsig« als Musiklehrer Jöching Lehndorf ein Denkmal.

Aus der Theatergeschichte

Ende des 18. bis in die ersten Jahrzehnte des 19. Jh. entstanden in den großen Städten Theater. Das kleinere Güstrow, in dem damals ca. 9.000 Einwohner lebten, wollte mit dieser Entwicklung Schritt halten. Der wirtschaftliche Aufschwung war sichtbar: Neue Wohngebiete, erste Fabriken, Hotels und Gaststätten für den zunehmenden Fremdenverkehr entstanden.

Reisende Theatergruppen hatte es schon seit dem 17. Jh. in Güstrow gegeben. Sie traten im Festsaal des

Schlosses, im Komödiensaal des Rathauses oder auch im Schützenhaus am Sonnenplatz auf. Doch es fehlte ein **Schauspielhaus**. Der Hof- und Landgerichtsadvokat Friedrich Piper, ein ausgesprochener Theaterenthusiast, und Senator Lönnies engagierten sich erfolgreich für einen Theaterbau in Güstrow. Sie forderten die Bürger zu Geldspenden auf, handelten bei der Stadtverwaltung günstige Konditionen aus und beauftragten den jungen Baumeister Georg Adolph Demmler, den späteren großherzoglichen Hofbaurat in Schwerin, mit den Entwürfen.

Nach nur einem halben Jahr, im Oktober 1828, stand das Güstrower Schauspielhaus. Der Bau war so konzipiert, daß er im Winter, mit Bankreihen ausgestattet, als Theater und im Sommer, mit Lagergestellen versehen, als **Wollmagazin** nutzbar war. Allerdings war die Spendenfreudigkeit der Güstrower dann doch nicht so groß wie erhofft, so daß der Senator und Seifenfabrikant selbst den fehlenden Betrag aufbringen mußte.

Gleich in der ersten Saison wurden den Güstrower Bürgern über 40 verschiedene Stücke präsentiert. Doch die anfängliche Euphorie legte sich bald. Die Zeiten, in denen das Schauspielhaus als Wollmagazin genutzt wurde, überwogen. Knapp 100 Jahre später (1923/24) wurde es sogar zum Kino umgebaut, bis es dann 1931 geschlossen wurde.

Mit der Gründung einer »Niederdeutschen Bühne« 1933 und der »Mecklenburgischen Landesbühne« mit Sitz in Güstrow 1938 schienen die Sterne für das Theaterhaus günstig zu stehen, doch die Schließung aller Theater und Konzertsäle im September 1944 brachte das vorläufige Aus. Wie alle öffentlichen Gebäude diente es nach Kriegsende der Unterbringung zahlloser Umsiedler und Flüchtlinge. Doch bereits am 20. Mai 1945 wurde es mit einem Konzert wiedereröffnet. Nach umfangreichen Bauarbeiten erhielt das Schauspielhaus 1957 den Namen **Ernst-Barlach-Theater**. 1976 bekam es seine juristische Selbständigkeit wieder, bis dahin war es Teil des Rostocker Volkstheaters gewesen. Ein eigenes Ensemble hat das Haus bis heute nicht. Die Bemühungen des Parchimer Ensembles nach der Wende, Güstrow zu seinem festen Standort zu machen, sind auf keinen fruchtbaren Boden gefallen. Derzeit haben finanzintensive Kulturprojekte eben leider keine Konjunktur, obwohl sie Investitionen in die Zukunft einer jeden Kommune sind.

Sightseeing

➤ Auf dem Marktplatz in Güstrow

Zu Fuß durch Güstrows Altstadt

Güstrow mit seiner interessanten historischen Altstadt ist ein kleines Städtchen geblieben, und wenn man all das Sehenswerte auch wirklich sehen will, sollte man die Stadt am besten zu Fuß durchlaufen.

Zentraler Ausgangspunkt für einen Stadtrundgang ist der **Marktplatz**, größter Platz der Stadt und mit ihrem Werden und Wachsen auf das engste verbunden. Seine Größe blieb bis heute unverändert. Verändert jedoch hat sich sein eigenes Aussehen wie auch das der ihn umgebenden Gebäude.

Daß er heute weitestgehend den Fußgängern vorbehalten ist, ist ein Ergebnis der jüngeren Geschichte. 1978 wurde Güstrow 750 Jahre alt, und dieser Geburtstag wurde zum Anlaß genommen, den Marktplatz neu zu gestalten. Für die Pflasterung verwendete man das noch brauchbare alte Steinmaterial. Der Platz mit einer Seitenlänge von etwa 40 x 60 Metern war im Mittelalter unbefestigt und unbeleuchtet.

Immer wieder wurde er Zeuge der Geschichte der Stadt und des Landes. 1631 empfing man hier mit viel Pomp die mecklenburgischen Herzöge, die vor Wallenstein geflohen waren und aus dem Exil zurückkehrten. 1981 weilte der Staatsratsvorsitzende der DDR, Erich Honecker, »mit einem Gast«, wie es in der Vorbereitungsphase offiziell hieß, im Güstrower Rathaus. Der Gast war niemand anderer als Bundeskanzler Helmut Schmidt, der Güstrow verbunden blieb und seit 1995 Ehrenbürger der Stadt ist. 1991 wurde der Markt für den Empfang der niederländischen Königin Beatrix geschmückt, 1994 begrüßte man hier die dänische Königin.

Am Marktplatz befinden sich die wichtigsten Gebäude der Altstadt: Kirche und Rathaus. »Den Platz beherrscht die Kirche, die ihre Massen dicht an sich heranzieht, um dem Rathaus Raum zu lassen«, heißt es in einer Reisebeschreibung von Ricarda Huch aus dem Jahre 1931.

Im 14. Jh. als **Stadtpfarrkirche** gebaut, fiel sie den Flammen des Stadtbrandes von 1503 zum Opfer. Doch nur fünf Jahre später

konnte sie als fünfschiffige gotische Backsteinkirche neu geweiht
werden. Ende des 17. Jh. erhielt sie
ihre barocke Turmhaube. Bis 1763
war die Kirche umgeben von einem Friedhof, der dann vor die
Tore der Stadt verlegt wurde. Mit
dem letzten großen Umbau in den
Jahren 1880–1883 erhielt die Güstrower Pfarrkirche ihr heutiges
Aussehen.

Im Innenraum befinden sich zahlreiche Kunstschätze aus dem 16.
Jahrhundert. Am bedeutendsten ist
wohl der große Flügelaltar (1522)
aus der Werkstatt des Brüsseler
Bildschnitzers Jan Borman. Die
ihn schmückenden vortrefflichen
Tafelbilder stammen ebenfalls von
einem Brüsseler Künstler, von dem
Maler Bernaert van Orley. Weitere
hervorragende Kunstwerke sind die
Triumphkreuzgruppe (1516), die
Madonna im Strahlenkranz, die
Sandsteinkanzel (1583) von dem
aus Antwerpen stammenden Meister Rudolf Stockmann sowie das
Ratsgestühl (1599) des Rostockers
Michel Meyer. Die eichene Figur
der trauernden Maria mit dem
Leichnam Christi, eine Pietà aus
dem Ende des 15. Jh., ist das älteste Kunstwerk in der Kirche. Doch
auch Kunst der Moderne ist in der
imposanten Backsteinkirche vertreten. Seit 1979 befindet sich der
»Engel der Hoffnung« (1933), ein
Terrakotta-Relief von Ernst Barlach, am rechten Pfeiler zum Altarraum.

In unmittelbarer Nachbarschaft zur
Stadtpfarrkirche steht das **Rathaus**.
Wie alle anderen Bauten auf dem
Platz ist es erst nach den großen
Stadtbränden zu Beginn des 16. Jh.
entstanden. Noch um 1700 bestand das Rathaus aus fünf verschiedenen, nebeneinander ange-
ordneten Giebelhäusern, von denen eines, wie ein Kupferstich von
Merian belegt, mit einem Turm
versehen war. In der zweiten Hälfte des 18. Jh. wurde das Rathaus
mehrfach umgebaut. In jener Zeit
entstand der Audienzsaal, heute
Stadtvertretersaal, mit einer figür-
lichen Stuckdecke von Johann
Metz und dem Motiv »Gerechtig-
keit und Frieden« (1754). 1798 entstand nach Entwürfen des Güstrower Baumeisters David Anton
Kufahl (1763–1831) die Fassade, die
die einzelnen Baukörper zu einem
Ganzen verbindet.

➢ Grundriß der Stadtpfarrkirche

➢ Rechts: Blick auf die Pfarrkirche St. Marien

Mit dem »Klassizismus des Rathauses zusammengewachsen, gibt sie (die Pfarrkirche) ein eigenartiges Bild, etwa wie wenn Pferd und Ochse vor denselben Pflug gespannt sind«, so beschrieb Ricarda Huch 1931 in »Lebensbilder Mecklenburgischer Städte« die Wirkung dieses Ensembles.

Daß Rathaus und Kirche mitten auf dem Marktplatz ihren Platz erhielten, ist im mecklenburgischen Raum ungewöhnlich und so nur noch in Güstrow anzutreffen.

Der Güstrower Baumeister Kufahl gestaltete nicht nur die Fassade des Rathauses. Er baute auch einige Häuser am Markt (Nr. 32, 17, 4), Am Berge, in der Gleviner und in der Mühlenstraße sowie die westliche Eingangshalle des Gertrudenfriedhofes.

Zu den sichtbar ältesten Häusern des Marktplatzes gehören die **Renaissancegiebelhäuser** Nr. 10 und 12, die sich nicht nur durch ihre Farbgebung deutlich von den hellen, klassizistischen Fassaden abheben. Typische Schmuckelemente der Renaissance wie Obeliske und kleine Voluten zieren die Giebel. Bestimmt wird der Platz jedoch von den klassizistischen Fassaden aus dem frühen 19. Jahrhundert. Die Häuser, die vielfach noch aus dem Mittelalter stammen, wurden in jener Zeit »modernisiert«, was damals bedeutete, daß vor den alten Fachwerkbau eine Fassade im jetzt als zeitgemäß deklarierten Stil gesetzt wurde.

Bei einem Blick in die nordöstlich vom Markt abzweigende **Mühlen-straße** fällt insbesondere das Haus Nr. 48 auf, ein prachtvolles spätgotisches Bürgerhaus. Die Fassade des Backsteinbaus ist auf der Straßen- und auf der Hofseite gleichermaßen verziert. 1628–1631 waren hier Wallensteins Statthalter St. Julian und Albrecht von Wiengiersky einquartiert. Von 1907 bis 1921 befand sich in dem »Derzschen Haus«, so der Name des Eigentümers, eine Brauerei mit Schankwirtschaft. Der Export von Bier, dem in der Literatur vielfach beschriebenen »Kniesenackbier«, war übrigens bereits seit dem 17. Jh. eine gute Einnahmequelle für die Brauer und den Stadtsäckel.

Die Häuser Nr. 17 und 43 in der Mühlenstraße wurden zu Beginn des 17. Jh. im Stil der Renaissance erbaut, jüngeren Datums ist die barockzeitliche Tür des Hauses Nr. 43.

Die ostwärts vom Markt abzweigende **Hollstraße** weist in ihrer Bausubstanz einige Lücken auf und wurde durch zwei überdimensionierte Neubauten in ihrem ursprünglichen Charakter stark beeinträchtigt. Der Name der Straße ist zurückzuführen auf die Holsteiner, überwiegend Handwerker, die im 13. Jh. nach Güstrow kamen und hier siedelten.

Das kleine Fachwerkhaus Nr. 6 war von 1985 bis 1994 ein Museum: In diesem Haus wurde 1785 der Maler Georg Friedrich Kersting geboren. Zusammen mit Caspar David Friedrich und Philipp Otto Runge gehört er zu den bedeutenden Malern der Romantik. Als

Der Maler Georg Friedrich Kersting

Der frühromantische Maler wurde als Sohn einer Glaserfamilie in Güstrow geboren. Wie Caspar David Friedrich und Philipp Otto Runge studierte er an der königlichen Kunstakademie in Kopenhagen. 1808 ging er nach Dresden, verkehrte dort im Malerkreis um Gerhard von Kügelgen und wurde mit Johann Wolfgang von Goethe bekannt. 1811 zeigte er auf der Akademieausstellung in Dresden seine ersten Interieurbilder. 1813 trat er dem Lützower Freikorps bei, um gegen Napoleons Fremdherrschaft zu kämpfen. Danach wurde er Zeichenlehrer am Warschauer Hof. 1818 kehrte er nach Dresden zurück und wurde Malervorsteher an der Königlich-Sächsischen Porzellanmanufaktur in Meißen. 1847 starb er in Meißen. Zu seinen bekanntesten Bildern gehören Künstlerportraits, so zum Beispiel »Caspar David Friedrich in seinem Atelier« (1811) und der »Geiger Nicolo Paganini« (1830).

1994 wurde der Kersting-Bestand im Güstrower Stadtmuseum durch den Ankauf eines seiner Skizzenbücher erweitert. Das anläßlich seines 200. Geburtstages 1985 als Museum rekonstruierte Geburtshaus in der Hollstraße 6 mußte 1994 aus technischen Gründen geschlossen werden.

Museum mußte das Haus 1994 geschlossen werden – kein Opfer von Sparmaßnahmen, wie vielleicht zu vermuten ist, sondern wegen technischer Fehler bei der Rekonstruktion.

Südöstlich der Hollstraße befindet sich die **Gleviner Straße**, einst eine der wichtigsten Durchgangsstraßen der Stadt in Richtung Süden. In dieser Straße verdienen drei Häuser besondere Beachtung, denn hier wurde »Geschichte gemacht«. Das Haus Nr. 1, das Backsteinhaus an der Marktecke aus der Zeit der Renaissance, beherbergte im Jahre 1712 August den Starken, Kurfürst von Sachsen und König von Polen, der im Nordischen Krieg nach Güstrow gekommen war, um mit Zar Peter I. von Rußland und dem schwedischen General Steenbock einen Waffenstillstand auszuhandeln. Im Haus Nr. 6, einem Fachwerkbau mit klassizistischer Fassade, das seinerzeit dem fürstlichen Weinschenk Gehrken gehörte, logierte der Zar. Der russische Generalfeldmarschall und Freund des Zaren Menschikoff nahm in der Nr. 32 Quartier. Das um 1600 gebaute Haus beherbergte zu Zeiten Wallensteins für kurze Zeit dessen Hofgericht.

Fast am Ende der Straße auf der rechten Seite fristet die **Heilig-Geist-Kapelle** ihr kümmerliches Dasein. Sie ist stark baufällig, und über ihre Zukunft wurde noch kein eindeutiger Beschluß gefaßt. Sie ist die älteste erhaltene Kapelle in Güstrow. Bis 1973 fanden in der Heilig-Geist-Kapelle noch Gottesdienste statt, dann wurde sie Baudepot. Von 1991–1993 wurden zwar Sicherungsmaßnahmen vorgenommen, aber sie galten wohl mehr der Sicherheit der Bürger, da der Straßengiebel sich gefährlich zur stark frequentierten Gleviner Straße gesenkt hatte.

Am Ende der Straße, noch vor dem Gleviner Platz, sind zwei klassizistische Torhäuser erhalten geblieben, eines davon ist unterdessen rekonstruiert worden. Um 1800 entstanden, verband sie bis 1904 ein Torbogen, der dann aus verkehrstechnischen Gründen abgerissen wurde. In unmittelbarer Nachbarschaft befindet sich das Schloß. Auf kurzem Weg wäre es durch den Hintereingang zu erreichen. Für den ganz eiligen Besucher sicher eine verlockende Variante, doch der Umweg durch die Altstadt lohnt sich.

Auf dem Rückweg zum Markt bietet sich aus der Gleviner Straße ein beeindruckender Blick über den Platz. An der Südseite des Marktplatzes hebt sich das Haus Nr. 22 von seinen klassizistischen Nachbargebäuden ab. Im französischen Empire-Stil gehaltene, auffällige Ornamente schmücken die Fassade. Ebenso aufwendig gearbeitet ist die Haustür. Auf ihr sind zwei allegorische Frauengestalten und zwei Löwenköpfe dargestellt. Auch wenn diese Tür zweifellos zu den schönsten in der Stadt gehört, so ist sie doch nur eine von vielen historischen Haustüren. Bauherren, die die originalen Türen in den Häusern belassen, erhalten für die Rekonstruktion besondere Fördermittel. Ein Konzept, das Früchte trägt, wie vielfach zu sehen ist.

In Richtung Süden führt die **Domstraße**, eine der ältesten Straßen der Stadt, über den Franz-Parr-Platz zum Haupteingang des Schlosses und zum Dom. Die Domstraße entstand bereits zur Zeit der Stadtgründung als Verbindung zu den beiden Siedlungszentren um den Markt und die Burg. Am Giebel des Hauses Nr. 6 ist das siebenteilige Mecklenburger Wappen zu sehen. Bis 1648 war es fünfteilig und stand für das Herzogtum Mecklenburg und die Herrschaften Rostock, Stargard und Werle. Dann kamen noch das Fürstentum Ratzeburg und die Grafschaft Schwerin dazu.

Die Straße endet auf dem **Franz-Parr-Platz**, dem Platz der ehemaligen Schloßfreiheit. Ursprünglich als Turnier-, Reit- und Exerzierplatz genutzt, war er 1813 Sammelpunkt der Freiwilligen Jäger zum Kampf gegen Napoleon. 1953 erhielt der Platz den Namen des Schloßbaumeisters. In der Mitte befindet sich das **Denkmal der Befreiungskriege**. 1987 mußte es wegen Baufälligkeit demontiert werden. Im Oktober 1995 wurde die umfassende Restaurierung durch den Berliner Wolfgang Gummelt abgeschlossen. Das gußeiserne Denkmal war 1865 nach einem Entwurf des Bildhauers Wolff aus Berlin zur Erinnerung an den Auszug und die

➤ In der Altstadt

Rückkehr der Freiwilligen Jäger errichtet worden. Die Eckfiguren symbolisieren den Krieg, den Sieg, den Frieden und die Trauer. Die Medaillons und die Reliefbilder »Auszug« und »Heimkehr« fertigte der Bildhauer Wiese aus Schwerin.

Der Platz ist umgeben von architektonisch und kulturhistorisch interessanten Gebäuden, das bedeutendste ist aber das **Renaissanceschloß**. Es wurde 1558–1599 in drei Bauphasen nach Plänen des Architekten Franz Parr als vierflügelige Anlage errichtet. Zunächst leitete Parr selbst den Bau. Nachdem der Süd- und der Westflügel fertiggestellt worden waren, verließ er Güstrow, und der niederländische Baumeister Philipp Brandin führte dann die Arbeiten fort. Es entstanden der Nord- und der Ostflügel. Seinen Abschluß fand

der Bau jedoch erst unter Charles Philipp Dieussart in der zweiten Hälfte des 17. Jh. mit dem Bau des Torhauses und der Brücke.

Bis zum Erlöschen der Mecklenburg-Güstrower Herzogslinie 1695 war das Schloß Residenz. Danach verlief die Geschichte des Hauses sehr wechselhaft. 1795 waren Schäden am Bau Grund für den Abriß des Ostflügels. Sein Fehlen ist also nicht auf kriegerische Zerstörung zurückzuführen, wie oft vermutet. 1808 besetzten die Franzosen das Schloß, um es als Lazarett und Kaserne zu nutzen. 1813 diente es den Freiwilligen Jägern Mecklenburgs zum gleichen Zweck. Von 1817 bis 1919 wurde es Landesarbeitshaus und bis Kriegsende 1945 diente es als sogenannte »Besserungsanstalt« für Heimat- und Arbeitslose. Bis 1952 war hier ein Altersheim untergebracht.

65

Dem Wert des Bauwerks Rechnung tragend, beschloß man die Rekonstruktion des Gebäudes. 1963 wurde mit den umfassenden Arbeiten begonnen. Durch die vielfältigen Nutzungsarten hatte das Innere des Hauses ebenso gelitten wie sein Äußeres. Zahlreiche Umbauten hatten die ursprüngliche Raumsituation sowie einen großen Teil der künstlerischen Innenausstattung zerstört. 1972 wurden die ersten rekonstruierten Räume als Museum der Öffentlichkeit übergeben. Inzwischen wird das prachtvolle Schloß ausschließlich als Museum genutzt, nachdem es noch bis 1993 die Funktion eines Kulturhauses der Stadt mit vielen kulturellen Einrichtungen hatte.

Hauptanziehungspunkt des Schlosses ist der Festsaal mit seinem Hirschfries (von Christoph Parr um 1560) und seiner rekonstruierten Stuckdecke (1620 von Daniel Ankermann). Dem aufmerksamen Betrachter wird auffallen, daß eines der Felder nicht so recht in die Darstellung der Jagdszenen nach Motiven der antiken Mythologie paßt. Es war eine Laune der polnischen Restauratoren, den für die Rekonstruktion verantwortlichen Rudolf Pilz auf einem Pferd und im Stresemann zu verewigen.

▶ **Museum im Schloß Güstrow, Franz-Parr-Platz 1, Di.-So. 9–17 Uhr, Tel. 03843-7520**

In das frühe 19. Jh. fällt der Bau der **Justizkanzlei**, die 1823 auf landesherrliche Anordnung im klassizistischen Stil errichtet wurde. Mit dem Umbau zum Ende des Jahrhunderts und der Aufstockung

➤ Rechts: Das Güstrower Schloß
von Südwesten

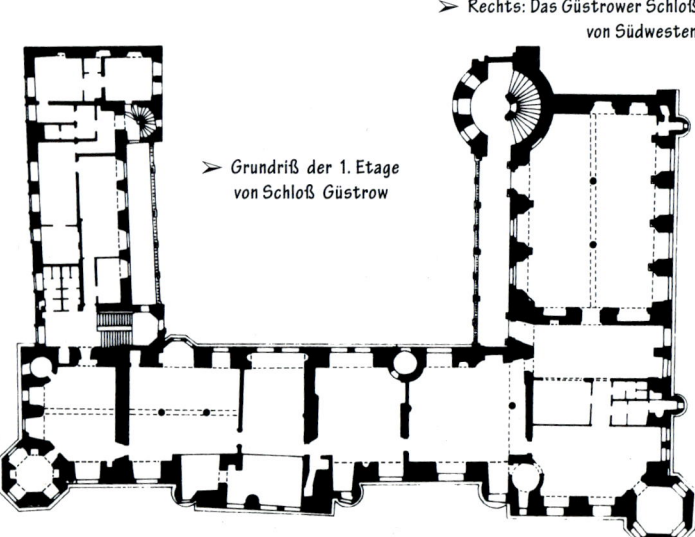

➤ Grundriß der 1. Etage
von Schloß Güstrow

➢ Das Stadtmuseum am Franz-Parr-Platz 7

um ein Geschoß wurde die Fassade in historisierenden Formen neugestaltet. Hinter dem Gebäude konnte im November 1996 durch Umbau der ehemaligen Haftanstalt das »Hotel am Güstrower Schloß« fertiggestellt und in Betrieb genommen werden.

Das **Theater**, an der Nordseite des Platzes, wurde 1828 nach Entwürfen des jungen Georg Adolph Demmler errichtet. Der in Güstrow als Sohn eines Schornsteinfegers aufgewachsene Demmler prägte als späterer Hofbaurat in besonderer Weise das Stadtbild von Schwerin und erlangte dadurch überregionalen Ruf. Das äußere Erscheinungsbild des klassizistischen Baus blieb im wesentlichen bis heute erhalten, der Innenraum allerdings wurde mehrfach verändert. Seit 1957

trägt das Theater den Namen von Ernst Barlach.

Fast gegenüber steht die **Wollhalle**, von 1994 bis 1998 Sommergalerie, ab Mai 2000 als städtische Galerie ganzjährig nutzbar. 1818 wurde der ehemalige Stall umgebaut und als fester Standort für den ersten Güstrower Wollmarkt genutzt. Ein geplantes »Prachtmagazin« für den stetig expandierenden Wollmarkt wurde aber nicht realisiert. Ein weiterer Ausbau war nicht möglich, weshalb man das Theater zu Marktzeiten auch als Wollmagazin genutzt hat. In dem barocken Gebäude auf dem Franz-Parr-Platz 7 befindet sich das **Museum der Stadt**, das sich insbesondere der regionalen Geschichte widmet.

◆ **Stadtmuseum**, Franz-Parr-Platz 7, Mo.-Do. 10–17, Sa. 13–16, So. 11–16 Uhr, Tel. 03843-681144

In westlicher Richtung führt die Philipp-Brandin-Straße zum **Dom**, dem ältesten Bauwerk der Stadt. Nach einer Bauzeit von mehr als hundert Jahren wurde die dreischiffige Basilika geweiht. Im 16. Jh. wurde der Dom im Zuge der Reformation aufgegeben und erst auf Veranlassung der Herzogin Elisabeth restauriert und nunmehr als evangelische Kirche des fürstlichen Hofes genutzt. Im Zuge einer zweiten umfassenden Restaurierung (1865-1868) erhielt er die noch heute erhaltene Orgel, ein Instrument aus der Werkstatt des für ganz Mecklenburg bedeutenden Orgelbauers Lütkemüller aus Wittstock.

Im Innern findet sich eine Fülle von beachtenswerten Kunstwerken verschiedener Stilepochen. Zu den ältesten Stücken gehört das Taufbecken aus Muschelkalk (um 1300). Der größere Teil der Ausstattung stammt jedoch aus dem 16. Jahrhundert. Mit dem Schloßbau beauftragte Baumeister und Künstler wurden auch für den Dom tätig. Beeindruckend sind neben dem Hochaltar, um 1500 aus der Werkstatt von Hinrik Bornemann, und den von Philipp Brandin und Claus Midow geschaffenen Wandgräbern auch die Figuren der zwölf Apostel an den Pfeilern des Mittelschiffs. Ihre Entstehung wird um 1530 datiert und dem Lübecker Claus Berg zugeschrieben.

Das Hauptaugenmerk jedoch gilt tausendfach dem »Schwebenden« (1927). Die Plastik konzipierte Ernst Barlach, ihren zukünftigen Platz im Dom kennend, als Mahnmal für die Gefallenen des Ersten Weltkrieges. Zehn Jahre später wurde »Der Schwebende« als »entartete Kunst« von Nationalsozialisten entfernt und für Rüstungszwecke eingeschmolzen. Für Bar-

➢ *Grundriß des Doms*

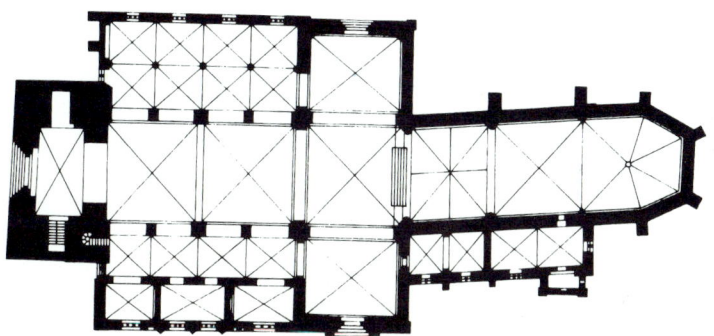

➤ Der Dom ist heute das älteste Bauwerk Güstrows

lach ein schmerzliches Erlebnis, das er bis zu seinem Tode 1938 nicht verkraften sollte.

Daß der »Schwebende« seit 1952 wieder im Dom zu besichtigen ist, verdankt die Domgemeinde der Kölner Johannitergemeinde, die von einem Zweitguß einen neuen Abguß für Güstrow anfertigen ließ. Der Dom mit seinem 44 m hohen Turm prägt bis heute gemeinsam mit dem Schloß und der Pfarrkirche die Silhouette der Stadt.

Der ihn umgebende **Domplatz**, der 1994 saniert und umgestaltet wurde, ist zeitgleich mit der Stiftung des Domes 1226 entstanden. Drei Gebäude im nördlichen Bereich dieses Ensembles verdienen besondere Aufmerksamkeit: Domplatz 16, 1583 von Philipp Brandin für Joachim van der Lühe, den Hofmarschall des Herzogs Ulrich, im Stil der Renaissance gebaut. Von

1629 bis 1631 tagte in diesem Haus Wallensteins Hofgericht, danach diente es bis 1840 der Justizverwaltung. Bis in die jüngste Zeit wurde es als Schule genutzt.

Domplatz 14, ebenfalls ein Renaissancebau und ebenfalls ein Werk des Baumeisters Philipp Brandin, entstand 1579 als humanistische Bildungsanstalt. Es ist der älteste erhaltene Schulbau Mecklenburgs, die ehemalige Domschule. Beide Häuser sind dringend sanierungsbedürftig, ihr Ruin wäre ein herber Verlust für die Stadt.

Im Stil des Klassizismus ist das Gebäude der ehemaligen Freimaurerloge (Domplatz 10) von 1839 gestaltet. Nach dem Krieg wurde es als Schule genutzt und 1995/96 saniert.

Westlich des Gebäudes befinden sich die **Wallanlagen**. Von 1945 bis 1991 waren sie für Güstrower

➤ *Die Gertrudenkapelle*

nicht zugänglich, weil die Sowjet-
armee in den angrenzenden Gebäuden ein Militärkrankenhaus eingerichtet hatte. Mit dem Abzug der
Truppen wurde die Anlage 1994 zu
einem Bürgerpark umgestaltet.
Jenseits der Wallanlagen befindet
sich eine einschiffige Kapelle aus
dem 15. Jh., die ehemals als Sie-
chen- und später als Friedhofska-
pelle genutzt wurde, die **Gertrudenkapelle**. Nach einer umfassenden Restaurierung wurde sie
1953 zu einer Gedenkstätte für den
Bildhauer und Graphiker Ernst Barlach erklärt. Heute finden sich in
der Kapelle einige der schönsten
Skulpturen Barlachs, die in dem
sakralen Raum eindrucksvoll zur
Geltung kommen.

▸ Gertrudenkapelle, Gertrudenplatz 1, Di.-So. 10–17 Uhr, Tel.
03843-683001

Die Wallanlagen werden in nördli-
cher Richtung von einer Fußgän-
gerzone, dem **Pferdemarkt**, ge-
kreuzt. Quasi im Schnittpunkt erinnert der Voss-un-Swinegel-Brun-
nen an den bekannten niederdeutschen Dichter John Brinckman.
Der Pferdemarkt, schon im 13. Jh.
eine der Hauptstraßen der Stadt,
wurde 1972 zum Fußgängerbereich
umgestaltet. Viele Geschäfte und
Cafés bestimmen heute das Bild
dieser Straße, die einst dem Vieh-
handel diente. Auf einer platz-
ähnlichen Erweiterung wurde 1889
dem Stadtgründer Heinrich Borwin II. ein Denkmal gesetzt. Die
Bekrönungsfigur des Brunnens
schuf Richard Thiele aus Hamburg,
ein Lehrer Barlachs.

Ernst Barlach
in Güstrow

> Ernst Barlach in seinem Atelier

Ernst Barlach, Graphiker, Bildhauer und Schriftsteller, wurde am 2. Januar 1870 in Wedel/Holstein geboren. Nach Lehr- und Wanderjahren in Deutschland, Paris, Italien und Rußland wurde er 1910 als 40jähriger Bürger der Stadt Güstrow. Fast 30 Jahre lebte und arbeitete Barlach hier, bis zu seinem Tod 1938 in Rostock.

Vor allem sein plastisches Werk ragt mit starker Eigenständigkeit aus dem deutschen Expressionismus heraus und findet unvermindertes Interesse bis in die Gegenwart. Barlachs **Atelierhaus am Heidberg** ist als Personalmuseum zu besichtigen. In dem geräumigen Atelier sind Bronzegüsse, Holzskulpturen, Gipsmodelle, Entwürfe und Güsse in verschiedenen Materialien zu sehen. Im Oktober 1998 wurde neben dem Atelierhaus das **Ausstellungsforum** eröffnet, ein Neubau für Ausstellungen über Barlach und die Moderne.

Ein weiterer Ausstellungsort ist die **Gertrudenkapelle**, eine spätmittelalterliche Pilgerkirche, von der Barlach sagte, daß diese Umgebung – die Kirche und der umliegende ehemalige Friedhof – wohl eine Situation für einen Bildhauer seiner Beschaffenheit sei. Holzskulpturen wie der »Lesende Klosterschüler«, die »Gefesselte Hexe«, der »Wanderer im Wind« und der »Zweifler« gehören zu den bedeutendsten Werken, die dort zu sehen sind.

An seine Lebensgefährtin Marga Böhmer, die bis 1969 als Kustodin die Ausstellung in der Kapelle betreut hat, erinnert seit jüngster Zeit eine Gedenktafel an der Außenwand der Kapelle. Ihrem Engagement ist es zu verdanken, daß die Gertrudenkapelle 1953 zum ständigen Ausstellungsort Barlachscher Plastiken wurde.

Zu Barlachs Hauptwerken zählt das Güstrower Ehrenmal von 1927 für die Toten des Ersten Weltkrieges: »Der Schwebende«, eine Bronzeplastik im Güstrower **Dom**, ist eines seiner ergreifendsten Werke, das weit über die Grenzen Deutschlands hinaus bekannt wurde.

➤ Das Atelierhaus am Heidberg, Ansicht von Südosten

Barlach in Güstrow begegnen, heißt jedoch nicht nur, die Stätten seiner ausgestellten Kunst, die beiden Museen und die beiden Kirchen aufzusuchen. Barlachs Figuren begegnet man auch in den Menschen der Stadt und in ihrer landschaftlich reizvollen Umgebung. Wie sehr ihn diese Menschen und die Stadt beeindruckten, ja bewegten, macht insbesondere sein »Güstrower Tagebuch« (1914-1917) deutlich.
Die seit 1994 in Güstrow bestehende Ernst Barlach Stiftung bewahrt mit seinem künstlerischen Nachlaß die umfangreichste Sammlung eines der bedeutendsten Künstler des 20. Jahrhunderts. Erst 1995 konnte der Werkbestand durch den Ankauf des Böhmer-Nachlasses erweitert werden, wobei die großzügige Spende der gebürtigen Güstrowerin Dr. Eva Klupsch maßgeblich zur Finanzierung beitrug. Weitere Barlach-Museen befinden sich in Wedel (Geburtshaus), Ratzeburg (»Altes Vaterhaus«) und Hamburg (Stiftung Hermann F. Reemtsma).

▸ **Ernst-Barlach-Museen in Güstrow:**
Atelierhaus, Heidberg 15, Tel. 03843-82299
Gertrudenkapelle, Gertrudenplatz 1, Tel. 03843-683001
Dom, »Der Schwebende«, Domgemeinde, Tel. 03843-682433

Ernst Barlach – ein Expressionist?

Auf den ersten Blick scheint das umfassende Lebenswerk des Bildhauers, Graphikers und Dichters Ernst Barlach (1870–1938) von einer seltenen Geschlossenheit zu sein. Die Ausdrucksbreite der bildnerischen Schöpfungen Barlachs reicht von der extrovertierten Gebärde – deshalb bezeichnet man ihn wohl so häufig als Expressionisten – bis hin zu meditativen, kontemplativen Gestalten. Aber Barlach ging einen weiten Weg, bevor er einen Stil und einen Ausdruck fand, mit denen er gültige Darstellungen von Menschen schuf als »Repräsentanten der kämpfenden, leidenden und überwindenden Menschheit« (C.G. Heise).

In der ausgehenden Gründerzeit um die Jahrhundertwende erprobte sich der junge Künstler in allerlei Kunstströmungen, zuletzt im Jugendstil, bevor zwei Ereignisse sowohl sein Leben als auch sein künstlerisches Wirken entscheidend veränderten. Das Jahr 1906 markierte eine unübersehbare Zäsur: Barlach reiste für mehrere Monate zu seinem Bruder nach Rußland, während seiner Abwesenheit wurde sein einziger Sohn Nikolaus in Berlin geboren. In Südrußland erfuhr Barlach zum ersten Mal die schier unendliche Weite einer melancholisch empfundenen Landschaft. Im zaristischen Rußland kam er mit den erbärmlichen Lebensbedingungen, mit der Verzweiflung und Trostlosigkeit einer zumeist bäuerlichen Bevölkerung in Berührung.

➤ Ernst Barlach, »Der Flötenbläser«, 1936

Aus diesem Erleben schuf Barlach die Bildwelt seiner Rußlanderfahrung. Sowohl inhaltlich als auch formal-bildnerisch fand Barlach hier zu einem künstlerischen Ausdruck, der in den folgenden Jahrzehnten charakteristisch für ihn werden sollte. Die geschlossene plastische Form in Verbindung mit umhüllenden Gewändern sollte zukünftig seine bildhauerische Sprache bestimmen.

Barlach gelangte vor allem durch seine Holzskulpturen zu internationaler Anerkennung. Dabei ist es sein großes Verdienst, die künstlerisch anspruchsvolle Holzbildhauerei nach ihrem Niedergang in Anlehnung an mittelalterliche Traditionen – vor allem Norddeutschlands und des Ostseeraumes – über das rein Handwerkliche hinaus innerhalb der modernen Kunst des 20. Jahrhunderts zu neuer Blüte geführt zu haben.

In den 20er Jahren erfuhr Barlachs Werk die größte Anerkennung, aber auch erste Angriffe. Diese Zeit war geprägt von Barlachs Auseinandersetzung mit Fragen der Kriegerehrenmale. Seine von konservativen Kreisen heftig umstrittenen Lösungen stellen einen Beitrag zur grundlegenden Erneuerung der Mahnmale als »Denkzeichen« dar. Alle öffentlich aufgestellten Ehrenmale – Güstrow 1927, Kiel 1928, Magdeburg 1929, Hamburg 1931 – wurden während der nationalsozialistischen Herrschaft entfernt und z.T. vernichtet. Die Verfolgung und Verfemung in den 30er Jahren fanden ihren Höhepunkt in der infamen Aktion »Entartete Kunst«, bei der 1937 nahezu 400 seiner Arbeiten aus öffentlichen Sammlungen und Kirchen entfernt wurden.

Barlachs Werk ist der immer wieder neu unternommene Versuch, Grundbefindlichkeiten der menschlichen Existenz künstlerischen Ausdruck zu verleihen. Sein Werk darf nicht als die große Variation eines Motivs mißverstanden werden. In der Bildhauerei, der Graphik, aber vor allem auch in seinem dramatischen Werk fügt er den Grunddispositionen eine Fülle von Themen hinzu: Ringen mit Gott um die wahre Menschwerdung und die Wandelbarkeit und Fähigkeit des Menschen hierzu.

Barlachs umfangreiches Prosawerk – neben Tagebüchern und zwei Romanen hat er zahlreiche kurze Prosastücke verfaßt – vermittelt dem Leser eine durchaus eigenwillige Sicht einer chaotischen Welt, die nur dem äußeren Anschein nach geordnet anmutet. Barlach ist einer der großen Briefeschreiber des 20. Jahrhunderts, dessen über 1.500 veröffentlichte Briefe eine ganze Epoche authentisch miterlebbar

➤ Ernst Barlach, »Der Empfindsame«, 1935

77

➤ Blick in das Atelierhaus am Heidberg

machen. Zudem sind sie eine unerläßliche und unerschöpfliche Quelle für die unmittelbare Auseinandersetzung mit dem Künstler selbst.

In Güstrow, wo Barlach sich seit 1910 niedergelassen hatte, schuf er sein Hauptwerk. Heute bewahrt dort die Ernst Barlach Stiftung Güstrow mit ihren beiden Museen im Atelierhaus und in der Gertrudenkapelle den umfangreichsten Bestand an Werken des Künstlers in einer Institution und an einem Ort: ca. 320 Plastiken, 1.100 Zeichnungen, 200 Druckgraphiken, 110 Skizzen- und Taschenbücher mit mehreren tausend Skizzen und Entwürfen, 110 eigenhändige literarische Manuskripte, Autographen und Archivmaterial zu Leben und Werk. Nahezu alle Schaffensperioden und -bereiche des Künstlers können mit dem reichhaltigen Fundus der Stiftung dokumentiert werden.

Die Graphikerin und Bildhauerin Käthe Kollwitz (1867–1945), deren Antlitz Barlach in seinem berühmten »Güstrower Ehrenmal« (1927) für den dortigen Dom verewigt hat, notierte nach der Trauerfeier anläßlich Barlachs Tod im Oktober 1938: »Der Sarg steht in der Mitte des Raumes. Er ist feierlich und kostbar aufgebahrt. Ein schwarzer Teppich und weiße Atlasdecken. Barlach ist *ganz* klein. Er liegt mit ganz zur Seite gesenktem Kopf – als ob er sich verbergen wolle. Die weggestreckten und nebeneinandergelegten Hände ganz klein und ganz mager. Ringsherum an den Wänden seine schweigenden Gestalten.«

Barlachs Schöpfungen sind stille, unaufdringliche Gestaltungen, die dennoch ergreifen und somit beredtes Zeugnis ablegen von der Wahrhaftigkeit und Ernsthaftigkeit, mit der sich dieser Künstler seiner Lebensaufgabe gewidmet hat. Ernst Barlachs Kunst läßt sich keiner bestimmten Stilepoche des 20. Jahrhunderts eindeutig zuordnen. Sie ist eine Sondererscheinung in der Kunstgeschichte, die kaum Vorgänger und Nachfolger hatte. Im schöpferischen Erleben von norddeutscher Landschaft und den Menschen seiner mecklenburgischen Wahlheimat vollendete Ernst Barlach sein überaus facettenreiches Lebenswerk, das eine zeitlose Dimension erreicht.

Volker Probst
Leiter der Güstrower Ernst-Barlach-Museen

Marga Böhmer – Bildhauerin

Im Jahr 1887 in Stolberg im Harz geboren, absolvierte Margarethe Graeber nach dem Besuch der dortigen Töchterschule in den Jahren 1908–1917 ein Bildhauerstudium in Bielefeld, Köln, Düsseldorf und Krefeld und war am Ende ihres Studiums bereits als selbständige Bildhauerin tätig. 1917 heiratete sie den Maler, Bildhauer und späteren Kunsthändler Bernhard A. Böhmer und siedelte nach Mecklenburg über. In das Jahr 1924 fällt der Beginn der Freundschaft mit Ernst Barlach, dessen Lebensgefährtin sie von 1927 bis zu seinem Tode 1938 wurde. Die Stätte der Begegnung, ihres gemeinsamen Lebens und Schaffens war Güstrow. Als gereifte Künstlerin, mit Intelligenz und Einfühlungsvermögen, technischem Können und Weltgewandtheit trat Marga Böhmer in das Leben des 17 Jahre älteren Ernst Barlach. Einen großen Teil ihrer Kraft setzte sie seit dieser Zeit für die Realisierung Barlachscher Werke ein. Aber es gibt auch Beispiele ihrer eigenen schöpferischen Arbeit in Zeichnung und Plastik. Nach Barlachs Tod richtete sie ihr Engagement auf den Erhalt und die Verbreitung der Werke des »Meisters«, wie sie Barlach zu nennen pflegte.

1951 bezog Marga Böhmer eine kleine Dachwohnung in der Gertrudenkapelle, die 1953 als »Ernst-Barlach-Gedenkstätte« eröffnet wurde. Gemeinsam mit Freunden und Mitstreitern war es ihr 1949 gelungen, die Kapelle als Ausstellungsort für das Barlachsche Werk zu etablieren. Bis zu ihrem Tod am 25. März 1969 betreute Marga Böhmer als Kustodin die Barlach-Ausstellung in der Gertrudenkapelle.

1995 drohte ihr eigener Nachlaß, bei einer vorgesehenen Versteigerung zerstreut zu werden. Durch engagierte Barlach-Böhmer-Freunde und die Spendenbereitschaft vieler Privatpersonen konnte der Böhmer-Nachlaß jedoch von der Ernst Barlach Stiftung erworben werden.

Barlach und Böhmer lebten in ihren kreativsten Jahren zusammen und haben sich gegenseitig inspiriert, wie Dr. Bärbel Kovalevski, langjährige Leiterin des Güstrower Stadtmuseums, aus vielen persönlichen Gesprächen mit der Künstlerin zu erzählen weiß. Seit neuestem macht auch eine Gedenktafel an der Gertrudenkapelle auf die noch wenig bekannte Bildhauerin aufmerksam.

➤ Blick in die Gertrudenkapelle

Voß un Swinägel –
John Brinckman

Der niederdeutsche Erzähler und Lyriker wurde am 3. Juli 1814 als Sohn eines Rostocker Kapitäns und Schiffseigners geboren. Schon während seines Jurastudiums engagierte sich Brinckman in der demokratischen Bewegung und wurde wegen seiner politischen Verbindungen 1839 angeklagt.

Brinckman floh noch im selben Jahr, wie viele verfolgte Demokraten im Vorfeld der Revolution von 1848, nach Amerika, um dort »der Freiheit Flaggen« zu finden. Er gehört damit auch zu den Tausenden Mecklenburgern, die im 19. Jahrhundert ihre Heimat aufgrund der verheerenden sozialen Mißstände und politischen Rückständigkeit verließen. Fast jeder dritte Mecklenburger lebte damals außerhalb der Heimat.

Bis 1842 arbeitete Brinckman in den USA als Journalist und Übersetzer und kehrte dann nach Mecklenburg zurück. 1848 wurde er Vertreter des Goldberger Reformvereins und ab 1856 engagierte er sich im Bürgerausschuß Güstrow. Bis er 1849 eine Anstellung am Güstrower Realgymnasium erhielt, verdiente er seinen Lebensunterhalt als Hauslehrer bei verschiedenen Adelsfamilien.

In seinen plattdeutschen Erzählungen und Gedichten, die ihn an die Seite von Fritz Reuter und Klaus Groth rücken, schildert er realistisch die sozialen Mißstände in Mecklenburg. Auch seine Amerikaerfahrungen finden Niederschlag in Aufzeichnungen und Versen. Brinckman starb am 20. September 1870 in Güstrow.

Sein erstes plattdeutsches Werk von Bedeutung war »Voß un Swinägel ore dat Brüden geiht üm« (1854). Mit einem Brunnen wurde dem Erzähler und Lyriker in Güstrow ein Denkmal gesetzt. Die Stele des Brunnens trägt ein Porträtmedaillon Brinckmans, die Fabeltiere am Fuß der Stele, der Fuchs und der Igel, sind Gestalten jener Erzählung.

Eine Reise wegwohin – Uwe Johnson

Uwe Johnson wurde am 20.7.1934 in Cammin, dem heutigen Kamień Pomorski, geboren. Seine Vorfahren waren aus Schweden eingewanderte Bauern. Nach 1945 fiel Cammin an Polen, und bei der Flucht nach Mecklenburg erlebte Johnson einen ersten Heimatverlust – eine Erfahrung, die zum Grundthema seines Lebens und seiner schriftstellerischen Arbeiten werden sollte. Nach dem Schulbesuch in Güstrow 1946–1952 studierte er in Rostock und Leipzig Germanistik. Sein Roman »Mutmaßungen über Jakob« fand nur in der BRD einen Verleger, und so übersiedelte
er 1959 nach Berlin (West), obwohl ihm die DDR »damals erschien wie ein Land, in dem sich etwas ändern wird«, wie er noch 1982 rückblickend feststellte.

Später lebte Johnson in Rom, in New York, dann wieder in Berlin, ohne jedoch irgendwo heimisch zu werden. Die letzten Lebensjahre verbrachte er in der Abgeschiedenheit des auf einer Insel in der Themse-Mündung gelegenen Sheerness-on-Sea, wo er am 12. März 1984 tot aufgefunden wurde.

In seinem vierbändigen Hauptwerk »Jahrestage. Aus dem Leben der Gesine Cresspahl« (1970–83) wird die Erinnerung an Mecklenburg, an »eine verlorene Heimat«, zu einem literarischen Leitmotiv; damit war Johnson an den Schauplatz seines ersten Romans »Ingrid Babendererde. Reifeprüfung 1953« zurückgekehrt, der allerdings erst nach seinem Tode 1985 erschien: Da zur Handlung eine »Republikflucht« gehört, war eine Veröffentlichung in der DDR zum Zeitpunkt der Entstehung ausgeschlossen, und auch der spätere Verleger Johnsons im Westen hatte der spröden Prosa dieser »sehr mecklenburgischen« Schulgeschichte zunächst nichts abgewinnen können. Johnson hatte 1952 sein Abitur in Güstrow abgelegt, und die literarische Rückkehr an Orte seiner Erinnerung war immer eine Auseinandersetzung mit der europäischen und deutschen Nachkriegsgeschichte. Für seine Vorarbeiten an einem weiteren Band der »Jahrestage« besuchte er 1982 zweimal, »getarnt« in einer britischen Reisegruppe, Mecklenburg und auch Güstrow.

Ausflüge
in die Umgebung

➤ Landschaft bei Ganschow

Ausflüge in die Umgebung von Güstrow

Natur- und Umweltpark Güstrow

Der Natur- und Umweltpark Güstrow, kurz auch NUP genannt, liegt in der reizvollen Flußlandschaft der Nebel und umfaßt eine Fläche von 160 ha. Über 250 Tiere aus 48 Arten sind zu beobachten. Hier lebt das einzige Wolfsrudel Mecklenburgs in einer der größten Freianlagen Deutschlands, über die ein 100 m langer Hochweg führt. Ein umfangreiches Wegenetz mit entsprechenden Hinweisen auf Flora und Fauna führt durch das weiträumige Gelände. Auf Knüppeldämmen, Hochwegen und Brücken überquert man Wasserläufe, sumpfige Gelände und Moore.

Der NUP bietet für alt und jung viele Möglichkeiten der praxisnahen Umweltbildung. Aktions- und Tastpfade sowie der Abenteuerspielplatz für Kinder beinhalten ein abwechslungsreiches Programm für die ganze Familie. Mit dem neuen Umweltbildungszentrum und dem Aquatunnel wird er weiter an Attraktivität gewinnen.

Grundstock für den heutigen Park bildete der 1959 eröffnete Tierpark. Ein Schwanenhaus, ein Wildschwein- und Rehgehege waren die bescheidenen Anfänge. Angeregt durch den staatlichen Forstwirtschaftsbetrieb, fand der Tierpark sehr schnell viele Freunde; Bürger und Betriebe engagierten sich für den weiteren Ausbau. Von 1960 bis 1990 war der Rat der Stadt Träger des Tierparks, jetzt ist der NUP, in dem fast 100.000 Besucher jährlich Erholung und Entspannung suchen, als GmbH eine Tochter der Stadt.

Gestüt Ganschow

(10 km südlich von Güstrow)

Mitten in einem der schönsten Gebiete Mecklenburgs wurde vor 35 Jahren das Gestüt Ganschow gegründet. Bis zur Privatisierung war dies die größte Zuchtstätte edler Pferde auf Mecklenburger/ Hannoveraner Grundlage und reinster Trakehner Abstammung in Mecklenburg-Vorpommern.

Mit einem umfangreichen Angebot – Reiten und Wohnen, Urlaub

➤ Der Eisvogel wirbt für den Natur- und Umweltpark Güstrow

83

➤ Eingefügt in die Natur: Stutenherde im Gestüt Ganschow

für Kids (8 bis 16 Jahre), Sternritte durch Mecklenburg – ist das Gestüt ein attraktives Urlaubsziel. Die großen Stutenparaden und Vorstellungen der Zuchttiere erfreuen sich großer Beliebtheit.

Windmühle Dabel

(7 km südöstlich von Sternberg, B 192)

Dabel ist mit seinen 2.000 Einwohnern ein Dorf, das auch heute noch durch die Landwirtschaft geprägt wird. Die Dabeler haben sich in besonderer Weise der Pflege der niederdeutschen Sprache und des Brauchtums verpflichtet. Im Ort befindet sich ein 1892 errichteter Galeriehölländer, der als produzierendes technisches Denkmal die Funktionsweise einer Windmühle veranschaulicht. Dieser Mühlentyp hat einen mächtigen, feststehenden Unterbau und eine kleine, in die

jeweilige Windrichtung drehbare Kappe mit einem vierflügeligen Windrad. Wie fast alle Windmühlen ist auch sie ein Beispiel eines typisch dörflichen Handwerksbetriebes, der meist ein Familienbetrieb war. Da die Flügel eine bestimmte Größe nicht überschreiten können, war die Leistungsfähigkeit der Mühle begrenzt.

Durch die Entwicklung neuer Mahlverfahren und die Nutzbarmachung neuer Energiequellen zum Mühlenantrieb (Dampfmaschine, Motor) kam es bereits im 19. Jahrhundert zu einem deutlichen Rückgang der traditionellen Windmühlen. Nur vereinzelt hielten Familien ihren Mühlenbetrieb aufrecht.

In Dabel ist es dem Bemühen des Mühlenbesitzers Fritz Döscher zu verdanken, daß diese Mühle unter Denkmalschutz gestellt wurde. Die seit 1953 elektrisch betriebene Mühle erzielte eine Jahresleistung von 400 t Mehl. Fritz Döscher engagierte sich für die Rekonstruktion der defekten Flügel und legte selbst Hand an, so daß die Mühle jetzt wieder mit Windkraft betrieben werden kann. Heute ist sie das Wahrzeichen des Dorfes Dabel, und die »Dabeler Mühlenburschen«, jedem Mecklenburger ein Begriff, sorgen mit ihren niederdeutschen Liedern dafür, daß dies auch jedermann erfährt.

Kloster Dobbertin

(5 km nördl. von Goldberg, B 192)
In Dobbertin befindet sich eine der schönsten noch erhaltenen Klosteranlagen in Mecklenburg, gelegen auf einer Halbinsel am Nordufer des Dobbertiner Sees mit einem Kreuzgang, Refektorium, dazugehöriger Kirche und großer Parkanlage. Um 1220 von dem Fürsten Heinrich Borwin I. von Mecklenburg als Mönchskloster gegründet, wurde es bereits 1237 in ein Benediktinerinnenkloster umgewandelt. Nach der Reformation wurde es ein adeliges Damenstift, heute werden die Gebäude von einer psychiatrischen Einrichtung genutzt.
Die Klosterkirche ist im Kern ein Backsteinbau aus dem 14. Jahrhundert. 1828–1837 erfolgte der Außenanbau durch den Schweriner Baumeister Georg Adolph Demmler nach Plänen von Karl Friedrich Schinkel in Anlehnung an die Friedrichwerdersche Kirche in Berlin. Die schlanken Doppeltürme sind weithin sichtbar das Wahrzeichen von Dobbertin. Im Innern der

Kirche, in der noch Reste der mittelalterlichen Ausstattung erhalten geblieben sind, begegnen wir noch einmal dem Bildhauer des Güstrower Schlosses und des Domes, Philipp Brandin: Von ihm stammt der Renaissancetaufstein in Vasenform (1586).

Wassermühle Kuchelmiß

(20 km südlich von Güstrow, B 103)
Die erste Erwähnung des Mühlenstandortes Kuchelmiß reicht bis ins Ende des 13. Jahrhunderts zurück. Der Mühlenbau, so wie er heute noch zu sehen ist, wurde 1751 errichtet. Auch diese Mühle

➤ Kloster Dobbertin um 1850

85

wurde in den 70er Jahren unter Denkmalschutz gestellt. Seither wird an dem Erhalt und parallel dazu an ihrer Rekonstruktion gearbeitet.

1994 konnte das kleine Museum in der Mühle wiedereröffnet werden. Es informiert über die Mühlengeschichte, über bäuerliches Handwerk und die Glasherstellung der einstigen Glashütten in Mecklenburg. Die Mühle ist ein sehr idyllisches Anwesen, aber auch die umliegende reizvolle Landschaft des Nebeldurchbruchstales lohnt einen Ausflug.

Wolhynier-Museum Linstow
(10 km östlich von Krakow am See, B 103)

Im 18./19. Jahrhundert waren deutsche Handwerker nach Wolhynien in der Westukraine ausgewandert. 1921 wurde diese Region durch den Friedensvertrag von Riga in einen polnischen und einen sowjetischen Bereich aufgeteilt. 1939 stellte sich für die Wolhynier-Deutschen die Frage, ob sie bleiben oder aber nach Deutschland aussiedeln sollten. Ihre Einbürgerung als »Volksdeutsche« und ihre Ansiedlung erfolgte vornehmlich im sogenannten »Warthegau«.

1946/47 wurden die meisten ausgesiedelt und kamen nach Linstow. 72 Wolhynierdeutsche bauten hier ihre traditionellen Häuser auf Bodenreformland. Heute leben noch 15 Familien in dem Dorf. 1993 wurde zur Erinnerung an das Schicksal dieser Menschen in einem der Häuser ein Museum eingerichtet.

➤ Blick in ein rekonstruiertes Wolhynier-Schlafzimmer

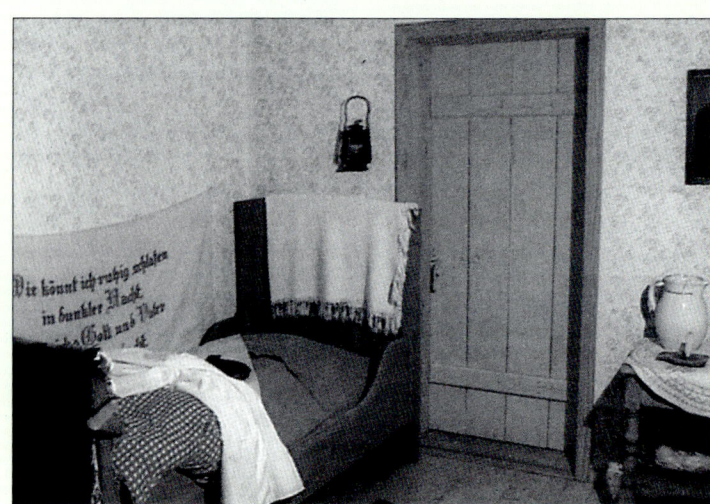

➤ Am Flußlauf der Nebel nahe Kuchelmiß

Naturpark Nossentiner-Schwinzer Heide

(24 km südlich von Güstrow, B 103/B 192)

Zwischen Goldberg, Krakow am See, Karow und dem Dorf Jabel erstreckt sich der 320 km² große Naturpark Nossentiner-Schwinzer Heide. Dazu gehören der Goldberger See, der Krakower Obersee – ein bedeutendes Feuchtgebiet für Wasservögel – der Damerower und der Drewitzer See, das Quellgebiet der Nebel, rund 800 ha verschiedener Moore, Calluna- und Wacholderheiden, Binnendünen, große Waldgebiete, Trockenrasen und Feuchtwiesen sowie ein Wisentgehege auf dem Damerower Werder. Der Naturpark faßt insgesamt 14 Naturschutzgebiete mit ihren Besonderheiten zu einem einzigen Naturerlebnis zusammen.

Erlebnispark »PF/FF« in Mühlengeez

(8 km westlich von Güstrow, B 104)

Der Erlebnispark PF/FF zwischen Sternberg und Güstrow ist der größte Freizeit- und Erlebnispark in den neuen Ländern. Auf über 72.000 m² gibt es viele Attraktionen und Unterhaltungsangebote für jedes Alter.

Bützow –
Landesuniversitätsstadt

Es mag kurios erscheinen, aber Bützow, 1760 noch ein Ackerbürgerstädtchen mit kaum mehr als 1.000 Einwohnern, war für fast 30 Jahre eine mecklenburgische Universitätsstadt.

Der Großherzog von Mecklenburg-Schwerin, Friedrich der Fromme, selbst Theologe und Anhänger des Pietismus, lag mit der Rostocker Universität und Stadt wegen der Ausbildung von pietistisch orientierten Theologen im Streit. Da er sich mit seinen Vorstellungen in Rostock nicht durchsetzen konnte, erkaufte er sich vom Kaiser das Privileg, in Bützow eine Landesuniversität einrichten zu dürfen. Als ersten Rektor berief er Professor Döderlein, einen gleichgesinnten Theologen aus Rostock, der dann vier Fakultäten für Theologie, Medizin, Philosophie und Jura einrichtete. Ort der »Friedericiana«, wie die Universität zu Ehren ihres Begründers hieß, wurde zunächst

➤ Blick auf Bützow mit dem Burgsee im Vordergrund

der Rathaussaal, doch schon bald nutzte man das inzwischen leerstehende Schloß.

Die Ansiedlung der Alma mater in Bützow war von Anfang an problematisch. Es fehlten Räumlichkeiten für die Kollegien, es gab zunächst keine Bibliothek, und nur wenige Studenten ließen sich in Bützow immatrikulieren. Einer der Mitbegründer, Professor Alpinus, seufzte: »Im ganzen Reich gibt es keine elendere und unpassendere Stadt, wohin versetzt zu werden mir nicht anders als eine Verbannung erscheint.« Um dem Prestige des Herzogs nicht zu schaden,

hatte die Universität Bestand, bis Herzog Friedrich Franz 1785 die Nachfolge Friedrichs des Frommen antrat. Er fand mit Rostock einen Kompromiß und legte schon vier Jahre später die Bützower Universität mit der Rostocker zusammen. Auch wenn die Universität unter den Professoren und Studenten keinen guten Ruf genoß, so haben doch drei der Professoren überregional Bedeutsames geleistet: Der in seiner Zeit bekannte Orientalist und Hebraist Claus Gerhard Tychsen wirkte von 1760–1789 in Bützow, bevor er an der Rostocker Universität Oberbibliothekar wurde. Er ist der Verfasser der sechsbändigen Publikation »Bützowsche Nebenstunden« (1766–1769), einer Art Magazin zur wissenschaftlichen Erforschung des Judentums. Tychsen legte auch den Grundstock für den Aufbau der Universitätsbibliothek, indem er alte Bestände aus der herzoglichen Bibliothek aufspürte. Der Bestand wuchs auf über 10.000 Bände an und wurde 1772 der Öffentlichkeit zugänglich gemacht.

Erwähnenswert ist auch der aus Jördenstorf stammende Theologe, Jurist und Historiker Ernst Johann Mantzel (1699–1768), dem das Verdienst zukommt, das Interesse für die regionale Volkskultur geweckt zu haben. Er hat ein mecklenburgisches Wörterbuch mit ca. 300 Sprichwörtern und Redensarten als Beispielsammlung angelegt und diese ab 1762 in den »Bützower Ruhestunden« publiziert. Auch wenn diese unter den gelehrten Publikationen als Unikum gelten, sind sie für die volkskundliche Forschung von großem Wert.

Dritter im Bunde ist Franz Christian Lorenz Karsten (1751–1829), Agronom und seit 1780 Professor der Kameralwissenschaften in Bützow, zugleich der letzte Rektor. Karsten errichtete die erste deutsche landwirtschaftliche Lehranstalt in Neuenwerder bei Rostock und war Mitbegründer der Mecklenburgischen Landwirtschafts-Gesellschaft (1798).

Revolution in Bützow – Der Gänsekrieg

Der Magistrat von Bützow hatte im Herbst 1794 den Bürgern verboten, ihre Gänse wie bisher frei auf der Straße herumlaufen zu lassen, weil diese das Stroh abfraßen, mit dem die Wasserkunst und die Pumpen gegen den Frost geschützt wurden. Doch die Bürger ignorierten das Verbot so lange, bis der Magistrat die frei laufenden Gänse einsperrte. Die aufgebrachten Bürger forderten daraufhin die Entlassung der Tiere. Am 28. Dezember 1794 kam es zu einem Tumult. Der Magistrat beschwerte sich bei der herzoglichen Polizeikommission in Güstrow. Angeblich waren fast 800 Personen an diesem Aufruhr beteiligt, die die Befreiung der Gänse mit dem Ruf forderten: »Es lebe die Gänsefreiheit!«

Wilhelm Raabe, der diese Begebenheit literarisch in »Die Gänse von Bützow« verarbeitete, hat die historischen Fakten wohl etwas ausgeschmückt, die Namen aber sollen verbürgt sein. Auch wenn wir dieses Ereignis heute belächeln, gibt es einen Einblick in die Zeitumstände und die Armut, die damals bestimmend für ganz Mecklenburg war.

Die Bützower, die einen Markt mit einem Gänsebrunnen haben, begehen konsequenterweise seit jüngstem auch »Gänsemarkttage«. Dieses der Tradition verschriebene Volksfest wird jährlich zur Erinnerung an die »einmalige Revolution in Bützow« gefeiert.

➤ Bützow um 1850, rechts das bischöfliche Schloß

Historischer Streifzug

»Wo die Fluten der Warnow das liebliche und nahrhafte Land der Obotriten, Polaben und Wagrier durchströmen, liegt im Arm der Nixe die Stadt Bützow, jener Winkel auf Erden, welcher mir vor allen lacht.« Mit diesen poetischen Worten bedachte Wilhelm Raabe in seiner Novelle »Der Gänsekrieg von Bützow« die kleine, als Zufluchtsort für Hugenotten bekannte Stadt.

Die Stadt ist eine Gründung der Schweriner Bischöfe, die seit 1171 im Stiftsland als Territorialherren auftraten. Als deutsche Stadt wird Bützow erstmalig 1236 erwähnt, doch dürfte die Gründung bereits vor 1229 erfolgt sein, denn zu diesem Zeitpunkt existierte bereits eine Kirche. Der Zisterziensermönch Berno (1158–1191) war um 1150 in das Land der Obotriten gekommen und wurde von Heinrich dem Löwen, dem Herzog von Sachsen und Bayern, zum Bischof ernannt. Bis 1160 befand sich der Sitz des Bischofs in Schwerin. Im Jahr 1239 verlegte sein Nachfolger Friedrich, Graf von Schwerin, seinen Hauptsitz nach Bützow. Bis zum Abschluß der Säkularisierung 1540 blieb Bützow Residenzstadt der Schweriner Bischöfe, die zugleich Landesherren des Stiftslandes waren.

1248/49 begründete Bischof Wilhelm zu Ehren der heiligen Gottesmutter, des heiligen Johannes und der heiligen Elisabeth von Thüringen neben dem Domkapitel in Schwerin ein Stiftskapitel in Bützow. Diese drei Heiligen sind dann auch auf dem ältesten Siegel der Stadt dargestellt. Die über Jahrhunderte dominierende Stellung der Kirche findet noch heute ih-

91

ren Ausdruck im Stadtwappen. Es zeigt auf rotem Grund eine goldene Mitra und dahinter zwei schräg gekreuzte goldene Bischofsstäbe. Der Bau des Residenzschlosses wurde unter Bischof Hermann I. von Schladen (1263–1291) gleich zu Beginn seiner Regierungszeit begonnen. Als Standort wählte er einen Platz innerhalb der sich entwickelnden Stadt. Mit dieser Entscheidung wurde die bestehende erste Burganlage, die sich auf dem sogenannten Hopfenwall befunden hatte, aufgegeben.

Bis zu jener Zeit war die Stadt noch von einem einfachen Plankenzaun umgeben. Die Stadtmauer mit ihren drei Stadttoren (dem Rühner, dem Wolkener und dem Rostocker Tor) ist erst um 1280 entstanden.

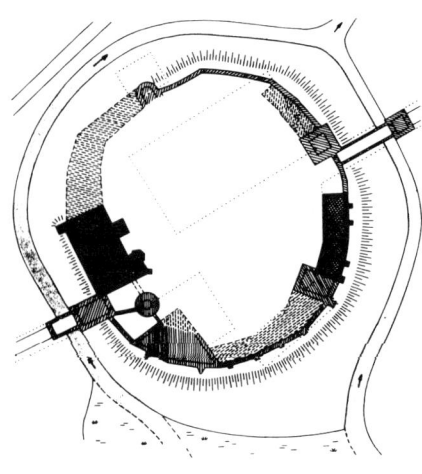

> Rekonstruierter Grundriß der Burganlage in Bützow

Sie wurde Ende des 18. Jh. abgetragen, die Tore bereits Ende des 17. Jh. geschleift. Erhalten geblieben sind am nördlich vom Markt gelegenen Rostocker Tor nur noch die einstigen Torwärterhäuschen. Das Schloß und seine Anlagen wurden mehrfach verändert und ergänzt. So wurde um 1300 ein Baumgarten angelegt und Mitte des 15. Jh. das Schloß unter Bischof Nikolaus I. Böddeker (1444–1457) baulich instand gesetzt und erweitert. Nach der Säkularisierung infolge der Reformation blieb Bützow Residenz, jetzt aber als Sitz der Administratoren. Als solcher wurde dann auch Herzog Ulrich am Schloß aktiv. Weil er jedoch als Ergebnis des Ruppiner Schiedsspruchs von 1555 bei der Landesteilung den Osten von Mecklenburg mit Güstrow erhielt, wählte Ulrich ab 1556 Güstrow als Residenz. Mit dem Wegfall seiner Funktion als Fürstensitz verlor das Bützower Schloß an Bedeutung. Anfang des 18. Jh. ließen sich in Bützow französische Hugenotten nieder. Der Herzog, der an einer wirtschaftlichen Entwicklung seines Landes interessiert war, schuf günstige gesetzliche Voraussetzungen für die Flüchtlinge, die in der Wollherstellung und Tabakpflanzung arbeiteten. In einem herzoglichen Erlaß von 1703 wurde der Bau von Häusern für die Einwanderer festgelegt und ihnen Religionsfreiheit garantiert. Bald bildeten die Hugenotten eine reformierte Gemeinde, die 1765–1771 im Ellernbruch ihre eigene Kirche er-

➤ Blick in den Innenraum der Bützower Kirche, Lithographie um 1850

richtete. Bützow besaß bald den Ruf, besonders hugenottenfreundlich zu sein. Begünstigt wurde diese Entwicklung dadurch, daß die Herzogswitwe Sophie-Charlotte, selbst Anhängerin der Reformierten, 1713 nach Bützow zog und dort mit Gleichgesinnten lebte.

Noch während des Siebenjährigen Krieges (1756–1763) wurde Bützow Universitätsstadt. Die Voraussetzungen für eine solche Einrichtung waren jedoch ungünstig, und so hatte die Friedericiana nur knapp 30 Jahre Bestand. Auch sollen sich die Studenten einem »lasterhaften Leben« hingegeben haben und durch ihr »albernes Betragen« mit den Bürgern »in Händel geraten« sein.

Die Grundlage für die Auflösung der Bildungseinrichtung war jedoch der »Grundgesetzliche neue Erbvertrag« von 1788. 1812 wurde auf Anordnung des Herzogs Friedrich Franz in dem wieder einmal ungenutzten Schloß das »Criminalcollegium« untergebracht. Eine Landesbehörde als Ersatz für die Universität? Mit dieser Regelung, die bis 1879 existierte, erlebte Bützow einen gewissen wirtschaftlichen Aufschwung. Jedoch namentlich Kriminaldirektor Bolte, ein ehrgeiziger Beamter, der wegen seiner Hinterhältigkeit und Bosheit nach dem berüchtigten Polizeichef Napoleons der »Fouché von Mecklenburg« genannt wurde, brachte der Stadt keinen guten Ruf ein.

Als Ergänzung zur Landesbehörde im Schloß wurde 1835 die »Landesstrafanstalt Dreibergen« errichtet, eine Untersuchungs- und Vollzugsanstalt, die von 1941–1945 Zuchthaus und Strafgefängnis wurde. In den 60er und 80er Jahren des vorigen Jahrhunderts wurden erste Ergänzungsbauten vorgenommen, weitere folgten bis 1943. Als

Die Landesstrafanstalt zu Dreibergen

»Die Anstalt Dreibergen, welche seit den letzten Jahren nach und nach gebauet und eingerichtet, jedoch noch nicht ganz vollendet ist, hat ihren Namen von drei Hügeln, auf denen sie, eine Viertelstunde von Bützow, steht. Jeder der drei Hügel ist für eine besondere Anstalt: die mittlere ist für männliche, die südlich davon gelegene für weibliche Verbrecher bestimmt; der dritte Hügel hat noch keinen bestimmten Zweck. Die Anstalt ist großartig und zweckmäßig eingerichtet, der Natur ihrer Bestimmung nach jedoch von einer 20 Fuß hohen Mauer eingeschlossen. Der Zweck der in jeder Hinsicht wohlthätigen Anstalt ist der, durch heilsame Zucht die Verbrecher während der Strafzeit zugleich zu bessern. Daher sind theils auch alte Einrichtungen entfernt, welche die Strafe leiblich nur noch fühlbarer machten (...). Im Uebrigen ist in Beziehung auf die Lebensbedürfnisse alle Vorkehr für die Gesundheit getroffen, namentlich für Licht, Luft, Wärme, Reinlichkeit und gesunde Nahrung; für die geistigen Bedürfnisse sorgen Gottesdienst, Belehrung, Bücher, Gesangübungen u.s.w. (...) Bei fortgesetztem und unermüdetem Streben und Beobachten wird diese Anstalt die segenreichsten Früchte liefern.«

Aus: Georg Chr. Fr. Lisch, Mecklenburg in Bildern (1842–1845),
Neuausgabe Bremen/Rostock 1999

Haftanstalt existiert »Dreibergen« heute noch.

Im 18. Jh. dominierten im wirtschaftlichen Bereich das Handwerk und die Landwirtschaft, in der die Kartoffel, die 1740 Mecklenburg erreichte, als Feldfrucht an Bedeutung gewann. Im 19. Jh. entstanden kleinere Fabriken zur Herstellung von Maschinen, Wagen, Öl, Papier und eine Eisengießerei. Bützow ist außerdem einer der ältesten Spielkartenhersteller im Land. 1812 wurde der Import von Spielkarten aus anderen Herzogtümern verboten, was zur Steigerung der Nachfrage in Bützow führte. Die Kontrolle erfolgte mittels eines Steuerstempels auf dem Pikas und dem Aufdruck des Herstellers auf dem Kreuzbuben.

Bützow war und ist auch Knotenpunkt der Staatsbahnlinien. In der Zeit von 1845–1850 erhielt die Stadt den Anschluß an die Linien Hagenow–Schwerin sowie Rostock und Güstrow.

Das repräsentative Empfangsgebäude des Bützower Bahnhofs wurde jedoch erst 1892/93 errichtet. Mit dem Bau der herzoglichen Mühlenanlage an der Warnow (1894) und dem Ausbau des Hafens und des Bützow-Güstrow-Kanals (1896) waren weitere gute Voraussetzungen für einen wirtschaftlichen Aufschwung gegeben. In jener Zeit wurde auch der Dampfschiffahrtsverkehr nach Rostock verstärkt. Im 20. Jh. entstanden in Bützow, ebenso wie in vielen anderen kleinen Städten, neue, aber nur regional bedeutende Betriebe. Am 3. Mai 1945 ergab sich die Stadt kampflos der Roten Armee. Die Nachkriegsentwicklung vollzog sich im wesentlichen ähnlich der in Güstrow, vielleicht in etwas bescheideneren Dimensionen, obwohl Bützow bis zur Verwaltungsreform 1994 Kreisstadt gewesen ist.

➤ Die Hubbrücke bei Parum

Stadtchro

1171	Fürst Pribislaw übergab das »Land Butissowe« dem Bistum Schwerin als Lehen.
1178/79	Versuch einer Klostergründung durch Bischof Berno
1229	Erste Erwähnung des Ortes und der Burg in einer Urkunde vom 24. Januar 1229, in der Bischof Brunward (1192–1238) den Unterhalt des zweiten Priesters für Bützow festlegt
1236	Bützow erhält das Stadtrecht.
1239	bis 1540 Hauptresidenz der Bischöfe von Schwerin
1248	Erhebung der Kirche zur Kollegiatsstiftskirche
1263	Bau der Bischofsburg unter Bischof Hermann I. von Schladen
um 1300	bis etwa 1400: Bau der Kirche, zunächst als Basilika begonnen, später umgestaltet zur Hallenkirche
1307	Baubeginn des Bützower Schlosses
1468	Gründung des Klosters »Schwestern vom gemeinsamen Leben«
1648	Bützow wird endgültig Bestandteil des Herzogtums Mecklenburg.
1699	Ansiedlung französischer Hugenotten unter Herzog Friedrich Wilhelm
1703	Gründung einer reformierten Gemeinde durch französische Hugenotten
1713	Bis 1749 ist das Schloß Witwensitz der Herzogin Sophie Charlotte.
1760	bis 1789 Universitätsstadt
1765	Bau der reformierten Kirche im Ellernbruch
1772	Die Universitätsbibliothek öffnet als öffentliche Bücherei.
1794	Bützower Gänsekrieg
1812	Das Kriminalkollegium wird im Bützower Schloß eingerichtet (Landesbehörde für Kriminalverbrechen).
1835	Baubeginn der Landesstrafanstalt »Dreibergen« (heute denkmalgeschützte Haftanstalt)
1848	Bau des Rathauses
1863	Bau des Gymnasiums, 1872 Anbau mit Aula

ik

1850	Anschluß an das Eisenbahnnetz Hamburg–Rostock
1894	Bau der herzoglichen Mühlenanlage (Wassermühle) an der Warnow
1900	5.549 Einwohner leben in der Stadt.
1927	Bau der Kabelkrananlage für das Sägewerk
1929	Einrichtung eines Heimatmuseums anläßlich der 700-Jahr-Feier
1950	Bau der Warnow-Brücke, Holzkonstruktion, 1969 und 1984 Instandsetzung
1980	Errichtung des Gänsebrunnens auf dem Markt
1992	Bau der römisch-katholischen Kirche

➢ Bauer und Bäuerin aus Zeppelin in Festtagskleidung, Darstellung um 1850

Stadtrundgang

Ausgangspunkt der Stadtbesichtigung ist das **Schloß**. Es wurde in der Mitte des 13. Jh. im gotischen Stil als Bischofsburg errichtet. Erhalten ist aus jener Zeit die ehemalige Kapelle mit ihrem Kreuzrippengewölbe, die 1970 restauriert wurde und bis 1999 das Heimatmuseum beherbergte. Das Schloß selbst wurde unter Herzog Ulrich erweitert und von Franz Parr zum Renaissanceschloß umgebaut. In jener Zeit sind der Giebelanbau mit den geschoßtrennenden Gesimsen, die Sandsteinwappen mit den Jahreszahlen 1556 (Herzog Ulrich) und 1661 (Herzog Christian) sowie der darüber befindliche Terrakotta-Fries mit Bildnismedaillons und stilisierten Wappentieren entstanden. Mit dem Umbau 1910/11 wurde das Schloß erneut verändert. Lediglich zwei gotische Spitzbogenfenster lassen noch erkennen, daß es sich eigentlich um ein mittelalterliches Gebäude handelt.

Die einstige Bischofsburg bestand jedoch nicht nur aus dem Schloß. Vielmehr bildeten mehrere Gebäude am Rande des Burgplatzes einen Ring, der den Hof umschloß. Im Südwesten befand sich das Torhaus mit einer Brücke, die über den Burggraben führte. Vom Gebäudering, zu dem auch die Türme zur Verteidigung gehörten, blieb neben dem Schloß nur das **Krumme Haus** erhalten, das seit Januar 2000 nun auch das Heimatmuseum und die Bibliothek beherbergt. Seinen Namen hat es bekommen, weil es sich in der Längsachse krümmt, um sich dem ehemaligen Mauerring anzupassen. Bereits 1985 wurde im Krummen Haus eine Gedenkstätte für Opfer des Faschismus eingerichtet, die nun allen Opfern politischer Gewalt gewidmet ist.

In östlicher Richtung führen die Schloßstraße und die Lange Straße zum nördlich gelegenen Markt. Insbesondere in der Langen Straße befinden sich zahlreiche Geschäfte, Cafés und Restaurants, die zum Verweilen einladen.

Der **Marktplatz** ist ein quadratischer Platz von einstmals etwa 100 Metern Seitenlänge. Durch ergänzende Bauten im Lauf der Jahrhunderte nimmt er heute nur noch ein Drittel der urspünglichen Fläche ein. Mehrere Stadtbrände, der letzte im Jahr 1716, haben die historische Bausubstanz stark dezimiert. Die meisten Häuser rund um den Platz sind aus dem 18./19. Jh., während am Rand der Altstadt auch noch Gebäude aus dem 16. Jh. anzutreffen sind. Gepägt wird der Platz durch das 1993 restaurierte neogotische **Rathaus**, errichtet in den Jahren 1848–1850. Am Risalit oberhalb des Hauptportals befindet sich ein schmückender Balkon mit durchbrochener Brüstung. Vor dem Rathaus wurde 1980 der **Gänsebrunnen** aufgestellt. Er ist nach einem Entwurf von Walter Preik gestaltet und erinnert an die kleine »Revolution« in Bützow, die als »Gänsekrieg« in die Annalen der Stadt eingegangen ist.

➤ Vor dem Bützower Rathaus steht der Gänsebrunnen

Auf dem sich anschließenden Kirchplatz steht die **Stiftskirche** St. Maria, Johannes Ev. und Elisabeth. Ihr Bau wurde in der Mitte des 13. Jh. begonnen und bis etwa 1400 vollendet. Zunächst als Basilika konzipiert, wurde sie zwischen 1280 und 1300 zu einer Hallenkirche umgebaut. Mit der Fertigstellung des Westturms, der mit seinen 74 Metern Höhe einen herrlichen Rundblick über die reizvolle Umgebung gestattet, wurde der Kirchenbau abgeschlossen. Die Zwiebelkuppel als Dachreiter ist aus dem Jahr 1728. In der Kirche befinden sich einige sehenswerte Kunstschätze, so die mit biblischen Figuren geschmückte bronzene Tauffünte von 1474, ein geschnitzter, vierflügeliger Hochaltar von 1503, eine Renaissancekanzel (1617) und zwei Epitaphe aus dem 16.

Jahrhundert. Nördlich der Stiftskirche in der Kirchenstraße steht das »Ratsarmenhaus« aus dem Jahr 1589, eines der ältesten Gebäude der Stadt. Am westlichen Ende der Kirchenstraße schließt eine der Wallstraßen an. Insgesamt sind es sechs **Wallstraßen**, die den Altstadtkern von Bützow umfassen und eine gern besuchte Ruhezone in der Stadt bilden. Zwischen der 3. und der 2. Wallstraße im Norden lohnt es sich, in den Ellernbruch einzubiegen. Dort haben die **Reformierten** 1765–75 eine schlichte Kirche mit klassizistischen Elementen gebaut, die 1996 von der Stadt als Konzert- und Veranstaltungsstätte restauriert wurde.
Ein moderner Kirchenbau allerjüngster Zeit ist die **Katholische Kirche**, die 1992 in der Bahnhofstraße errichtet wurde.

Ausflüge
in die Umgebung

Ausflüge in die Umgebung von Bützow

Altslawischer Tempelort bei Groß Raden

(26 km südlich von Bützow, B 104) Kurz vor Sternberg in Groß Raden befindet sich auf einer Halbinsel im Sternberger Binnensee eine slawische Niederungsburg, die in den Jahren 1973–1980 freigelegt wurde. Es handelt sich um eine kreisrunde Anlage mit einem Durchmesser von 50 Metern. In dem landwärts davorliegenden sumpfigen Gelände, das durch zwei quer gezogene Gräben entwässert wird, wurden die Pfahlreihen der 100 Meter langen Brücke freigelegt, die zur Burg führte.

Die Vorburgsiedlung liegt in dem durch ein Grabendreieck begrenzten anschließenden Wiesengebiet. Hier handelt es sich offenbar um einen Platz, wie ihn 973 der arabische Händler Ibrahim Ibn Jacub in dem Bericht über seine Reise in die slawischen Gebiete zwischen Elbe und Oder geschildert hat: »So bauen die Slawen die meisten ihrer Burgen: Sie gehen zu Wiesen, reich an Wasser und Gestrüpp, stecken dort einen runden oder eckigen Platz ab nach Form und Umfang der Burg, wie sie sie beabsichtigen, graben ringsherum und schichten die ausgehobene Erde auf, wobei sie mit Planken und Pfählen nach Weise der Bastionen gefestigt wird, bis die Mauer die beabsichtigte Höhe erreicht hat. Auch wird für die Burg ein Tor abgemessen, an welcher Seite man will, und man geht auf einer hölzernen Brücke aus und ein.«

➤ Rekonstruierte Slawensiedlung in Groß Raden

> Im Warnow-Durchbruchstal

Hier, in der Sternberger Siedlungs-kammer, entwickelte sich vor 1.000 Jahren eine relativ eigenständige Kultur, die anhand umfangreicher Ausgrabungen seit 1974 im Museum vor Ort beispielhaft dokumentiert wird. Das Museum ist in zwei Bereiche gegliedert. In einem neuen Museumsgebäude wird die slawische Kultur und Geschichte vom 7. bis zum 12. Jh. dargestellt.

Der zweite Bereich ist die rekonstruierte ehemalige Siedlung. Die Nachbauten umfassen aus der ersten Siedlungsphase im 9. Jh. die Eingangsbefestigung, eine Palisadenwand, mehrere Flechtwandhäuser und den Tempel. Aus der zweiten Siedlungsphase im 10. Jh. wurden Blockhäuser, technische Einrichtungen, die Brücke mit dem Brückenhaus sowie der Burgwall neu aufgebaut. Alljährlich in der dritten Juliwoche wird eine Museumswoche in Groß Raden veranstaltet. Im Sternberger Seengebiet befinden sich weitere Denkmale der Ur- und Frühgeschichte. Informationen dazu hält das Freilichtmuseum bereit.

Boitiner Steintanz
(8 km südlich von Bützow, nördlich von Boitin)
Die eigenwillige Anordnung der Steinkreise von Boitin bildet den Ursprung vieler Sagenstoffe. Handelt es sich um eine über 3.000 Jahre alte Sternwarte, die einem nicht mehr vorhandenen Kulttempel zugeordnet war? Auch wenn eine schlüssige wissenschaftliche Erklärung fehlt, bleibt der Boitiner Steintanz ein beeindruckendes Erlebnis. Noch im vorigen Jahrhundert soll es 30 derartige Anlagen in Mecklenburg gegeben haben.

Warnow-Mildenitz-Durchbruchstal
(7 km nördlich von Sternberg bei Groß Görnow)
Der 3 km lange Abschnitt des Mildenitz- und Warnowlaufs mit beiderseitigen Talhängen wurde 1967 unter Schutz gestellt. Besonders reizvoll sind die naturnahen, 10–15 Meter breiten und bis zu einem Meter tiefen Wildwasserstrecken.

103

Teterow

Historischer Streifzug

Teterow erhielt vermutlich 1235 das Stadtrecht. Ur- und frühgeschichtliche Funde weisen jedoch darauf hin, daß die Gegend um Teterow bereits in der mittleren Steinzeit ein Siedlungszentrum war und als solches auch während der Ansiedlung germanischer Stämme Bestand hatte. Im 6./7. Jh. hatten um Teterow Slawen gesiedelt, wie die bei Ausgrabungen gefundenen elf Burgen belegen. Der Burgwall (9./11. Jh.) am Nordende der langgestreckten Insel im Teterower See war offensichtlich Siedlungsmittelpunkt. Die Insel, insgesamt 8 ha groß, war durch eine 750 m lange, eichene Holzbrücke von Süden und durch eine etwa 200 m lange Brücke vom Westen mit dem Festland verbunden.

Auf der Grundlage archäologischer Funde konnte nachgewiesen werden, daß die Brücke dreimal zerstört und wieder aufgebaut wurde, wie übrigens auch auf der Insel drei Bauphasen erkennbar sind. Die jüngste Brücke, ein Bau auf ca. 1.500 Pfählen, war noch in der Mitte des 12. Jh. funktionstüchtig. Lange Zeit wurde vermutet, daß Auseinandersetzungen mit dem Dänenkönig Waldemar und Heinrich dem Löwen Ursache für die Zerstörung waren, doch diese Vermutung des Schweriner Archivars und Historikers Georg Christian

Friedrich Lisch konnte nicht gehalten werden. Der Bericht des Saxo Grammaticus, des dänischen Geschichtsschreibers, bezog sich nämlich nicht auf die Teterower Burg, wie Lisch annahm. Die Burgwallinsel wurde erst nach dem Ersten Weltkrieg als Naherholungsgebiet für Einheimische und Touristen erschlossen. Es wurde eine Kettenfähre in Betrieb genommen und die Ausflugsgaststätte »Der Wendenkrug« eröffnet. Quasi als Miniaturausgabe einer Slawenburg richtete man in der Nachbarschaft einen Abenteuerspielplatz ein, der den Kindern den Besuch auf der Insel zu einem bleibenden Erlebnis werden läßt.

Doch zurück zur eigentlichen Geschichte der Stadt. Schon 20 Jahre bevor der Marktort Teterow an der Landstraße von Stettin nach Rostock vermutlich vom Fürsten Nikolaus von Werle Stadtrecht erhielt, wurde 1215 der Grundstein für die Peter-und-Pauls-Kirche gelegt. Die ältesten Teile des Backsteinbaus, die Sakristei und der Altarraum, weisen noch romanische Stilelemente auf, während das Langhaus (1450) und der fast 40 m hohe Turm in der gotischen Phase ergänzt wurden. Nach dem Aussterben der Werleschen Fürstenlinie fiel Teterow an die Schweriner Herzöge.

Umgeben von fruchtbarem Land, dem fruchtbarsten in ganz Mecklenburg, wurde Teterow ein regional bedeutender Handelsort für ländliche Erzeugnisse und handwerkliche Gebrauchsgüter. In der

> Ansicht der Stadt Teterow um 1850

Mitte des 14. Jh. entstand die Stadtbefestigung mit Stadtmauer, Wall und drei Stadttoren: dem Malchiner, dem Rostocker und dem Kötheler Tor, im Volksmund »Gänsetor« genannt. 1632 zerstörte der erste von insgesamt vier großen Stadtbränden einen großen Teil der urspünglichen Bausubstanz. Alle Brände überdauert, auch den letzten von 1793, haben aus mittelalterlicher Zeit nur das Backsteintrio, die Kirche sowie das Malchiner und Rostocker Tor. Erhalten geblieben ist die städtebauliche Struktur, der mittelalterliche Stadtgrundriß.

Nach dem Nordischen Krieg (1700–1721) war von dem beschaulichen Ackerbürgerstädtchen, das seine Blüte zur Zeit der Hanse hatte, ohne dem Bund selbst jemals angehört zu haben, wenig übriggeblieben. Erst als 1806 die »Franzosentid« vorbei war, kehrte reges Leben in die Stadt zurück. Jenseits des mittelalterlichen Stadtkerns wurden neue Wohn- und Produktionsstätten errichtet, darunter die Rostocker, die Warener und die Malchiner Vorstadt. Kleine Maschinenfabriken, Mühlen, ein Gaswerk und landwirtschaftliche Erzeugnisse verarbeitende Firmen, wie zum Beispiel Molkereien und ein Schlachthof, entstanden.

Die Eröffnung der Eisenbahnlinien Güstrow–Neubrandenburg über Teterow 1864 und die von Teterow nach Gnoien 1884 ließen das Städtchen Anteil haben an der wirtschaftlichen Entwicklung des 19. Jahrhunderts. In jene Zeit (1857–1860) fällt auch die Regulierung der Peene, die eine Absenkung des Wasserspiegels im Teterower See zur Folge hatte und letztlich die alte Holzbrücke zur ehemaligen Slawenburg zum Vorschein brachte.

Im fruchtbaren ländlichen Umfeld waren Güter entstanden, die, verbunden mit den Namen Johann Heinrich von Thünen und der Familie Pogge, landwirtschaftlichen Fortschritt brachten. Das Thünen-Museum in Tellow liefert Hintergrundinformationen hierzu und erläutert insbesondere die Arbeiten von Thünens, aufgrund derer er 1848 die Ehrenbürgerschaft der Stadt Teterow erhielt. Der Granitstein vor dem ehemaligen Gutshaus in Roggow erinnert an Carl Pogge und greift dessen Leitspruch »Arbeit führt zum Paradiese« in seiner Inschrift auf.

Von 1880 bis 1908 war Franz von Pentz Bürgermeister in Teterow. Er muß ein sehr rühriges und vielseitig interessiertes Stadtoberhaupt gewesen sein, denn während seiner Amtszeit wurden die Heidbergallee (1892/96) in Richtung Güstrow sowie weitere Landstraßen angelegt, die Bahnstation gebaut, der Bismarck-Gedenkstein, ein Granitfindling, aufgestellt und das Großsteingrab vor der Stadt in Richtung Rostock eingefriedet. Auch den Abriß und Neubau des Rathauses, das den neuen Ansprüchen nicht mehr genügte, hat von Pentz noch veranlaßt (1908). Die Grundsteinlegung im Beisein des Großherzogs Friedrich Franz IV. von Mecklenburg-Schwerin ein Jahr später und die Fertigstellung (1910) hat er jedoch nicht mehr erlebt.

1914 wurde nach einem Entwurf von Wilhelm Wandschneider ein neuer Brunnen auf dem Markt errichtet, der Hechtbrunnen. 1927 entstand ein großes Ehrenmal für die Gefallenen im Ersten Weltkrieg. 114 Stufen führen bis ins Obere des 20 m hohen Denkmals. Durch seine erhöhte Lage in den Heidbergen befindet sich die Aussichtsplattform mehr als 100 m über der Ostsee. Ein herrlicher Blick über die Mecklenburgische Schweiz, über Teterow, den teilweise 11 m tiefen See und die Insel lohnt die Mühen des Aufstiegs. 1930 wurde die Grasbahn-Rennstrecke, der Teterower Bergring, eingeweiht.

➤ Das Malchiner Tor

Den Zweiten Weltkrieg hat Teterow ohne Zerstörungen überstanden. Es wurde zunächst Zufluchtsort für viele Flüchtlinge, die eine neue Heimat suchten, dann aber vielfach auf den umliegenden, im Rahmen der Bodenreform enteigneten Gütern siedelten.

1952 wurde Teterow Kreisstadt im Bezirk Neubrandenburg. Damit wurde eine wichtige Entscheidung für die weitere Entwicklung der Stadt gefällt. Im Westen (1966) und Osten (1972) der Stadt entstanden Neubaugebiete und mit ihnen neue Schulen für die überwiegend jungen Familien. Bis dato waren alle Kinder Teterows auf dem Schulkamp in die Schule gegangen, ein Schulort, dessen Tradition bis etwa 1680 zurückreicht, als Pastor Fiedler Äcker und Gärten zum Bau von Unterrichtsgebäuden gestiftet hat-

te. Doch dieser Kamp ließ den Bau weiterer Klassenräume nicht zu.

1977 wird die motorisierte Seilzugfähre zur Burgwallinsel in Betrieb genommen, und die Insel wird ein beliebtes Ausflugsziel nicht nur für die Teterower. Ins gleiche Jahr fällt die Gründung des Madrigalchores, so genannt, weil er sich in seinen Anfängen vorrangig dem Liedgut des 16./17. Jh. widmete. Auch wenn der Name quasi als Markenzeichen bis in die Gegenwart beibehalten wurde, ist das Repertoire doch viel umfangreicher geworden.

Das Jahr 1981 wird allen Bürgern der Stadt in Erinnerung bleiben: Teterow hatte Hochwasser. Doch nicht etwa der See war über die Ufer getreten, sondern sintflutartige Regenfälle waren die Ursache – ein äußerst seltenes Naturereignis. 1985, als die Stadt ihr 750jäh-

➤ Die Postkarte zeigt die erste Badeanstalt am Teterower See

TETEROW   Badeanstalt mit Zuckerfabrik.

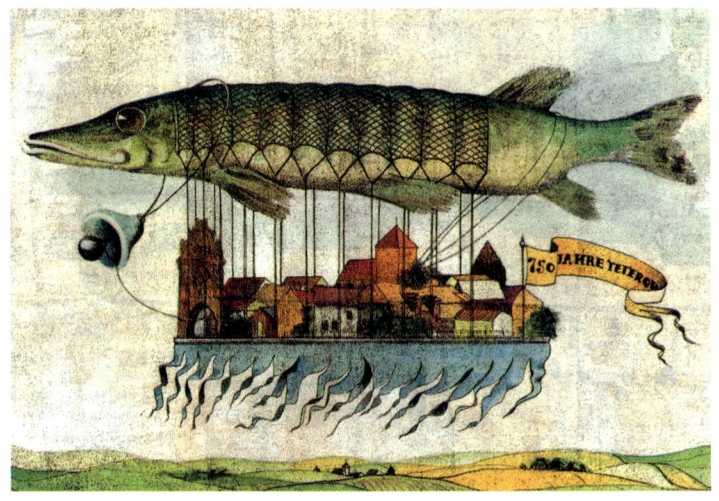

> 1985 feierten die Teterower ihr 750. Stadtjubiläum

riges Bestehen feierte, lebten mehr als 12.000 Einwohner in Teterow. 1990 bezogen die Stadtväter wieder ihr Rathaus, um von dort aus die Geschicke der Stadt zu lenken. Von 1945 bis zu jenem Zeitpunkt hatten hier zunächst die sowjetischen Besatzungstruppen, dann die Kasernierte Volkspolizei und mit der Bildung des Kreises Teterow das Polizeikreisamt ihren Sitz.

1991 wurde erneut ein Stadtmuseum gegründet. Mit der Galerie am Kamp, der Bibliothek, der Volkshochschule und der Musik- und Kunstschule ist das Museum Stätte aktiver Kulturarbeit. Die Musik- und Kunstschule war übrigens eine der ersten dieser Art in Mecklenburg. Ihre Wurzeln können in dem 1982 eingerichteten Musikunterrichtskabinett gesehen werden. Doch mit dem breiten Spektrum von Keramik über Töp-

ferei, bildende Kunst, Ballett, Tanz und Musik hat sie ein eigenes Profil entwickelt, das bei den mehr als 500 »Schülern« (Kinder, Jugendliche, Erwachsene) große Akzeptanz findet.

»Durch dieses rein bürgerliche Leben, welches sich in früheren Zeiten wohl mehr allein auf den Ackerbau beschränkt haben mag, mögen denn auch die Einwohner in den üblen Ruf der Einfältigkeit gekommen sein, der jetzt aber wahrlich keine Begründung hat. Wie jedes Land sein Schöppenstädt hat, so erzählt man auch von den alten Teterowern viele ergötzliche, alberne Streiche, so daß jedes einfältige Beginnen in Meklenburg ein ›Teterower Streich‹ genannt wird (...).«

Georg Chr. Fr. Lisch

Stadtchro

3000 v. Chr.	Besiedlung der Insel im Teterower See; im 8. Jahrhundert folgten Slawen.
um 1215	Baubeginn der Peter- und Pauls-Kirche
um 1235	Verleihung des Stadtrechts durch Fürst Nikolaus von Werle
1301	Bau der Marienkapelle vor dem Malchiner Tor
1361	Die Stadt besitzt eine Befestigungsanlage mit Wall und drei Stadttoren: Malchiner, Rostocker, Kötheler Tor (im Volksmund Gänsetor genannt).
1540	Beginn der Reformation in Teterow
1632	Erster großer Stadtbrand
1680	Pastor Fiedler stiftet Land zum Bau von Unterrichtsgebäuden für die Schuljugend, Basis für den heutigen Schulkamp.
1700	Zweiter Stadtbrand, nur die Kirche, die Stadttore und wenige Gebäude bleiben erhalten.
um 1708	Neubau des Rathauses, 1908 abgerissen. Über den Vorgänger ist nichts bekannt
1764	Gottlieb Sigismund Constantin Kirchhoff, der Entdecker des Stärkezuckers, wird in Teterow geboren.
um 1840	Bau der Chaussee Teterow–Güstrow
1848	Johann Heinrich von Thünen wird erster Ehrenbürger der Stadt.
1858	Grundsteinlegung für das erste Volksschulhaus und Eröffnung der ersten Badeanstalt
1864	Eröffnung der Eisenbahnlinie Güstrow–Teterow–Neubrandenburg und Fertigstellung des Bahnhofs
1884	Inbetriebnahme der Eisenbahnlinie Teterow–Gnoien
1892	bis 1896 Anlage der Heidbergsallee
1902	Errichtung des Bismarcksteins (Findling) auf dem damaligen Friedrich-Franz-Platz
1909	Grundsteinlegung für das neue Rathaus
1914	Fertigstellung des Hechtbrunnens auf dem Marktplatz, Wahrzeichen der Stadt

ik

1927	Bau des Ausflugslokals »Wendenkrug« auf dem Burgwall; Errichtung des 21 Meter hohen Mahnmals für die Gefallenen im Ersten Weltkrieg auf dem Heidberg
1930	Bau des Teterower Bergrings (Grasrennbahn) in den Heidbergen
1936	Teterow zählt 8.000 Einwohner.
1950	bis 1953 Ausgrabungen auf dem Burgwall durch Prof. Dr. Schuldt
1952	Teterow wird Kreisstadt (bis 1994).
1966	1972 und 1980 Grundsteinlegung für die drei Neubaugebiete der Stadt
1977	Inbetriebnahme der Seilzugfähre zur Burgwallinsel
1989	19. Oktober: Das erste Friedensgebet in der Kirche leitet die Wende in Teterow ein.
1990	Die Stadtväter können ihr Rathaus wieder beziehen und in ihm über das Wohl der 11.500 Einwohner entscheiden.
1993	Gründung der Kommunalen Kulturstiftung Teterower Kreis, die sich allerdings nur bis 1999 behaupten kann
1994	Mit dem Inkrafttreten der Gebietsreform wird der Kreis Teterow Bestandteil des Großkreises Güstrow.
1995	Einweihung der Grußplatte »Teterow — geographischer Mittelpunkt von Mecklenburg-Vorpommern« auf dem Marktplatz
1999	Teterow feiert sein 10. Hechtfest (Aufführung der Schildbürgerstreiche).

Das Teterower Hechtfest

➤ Der Hechtbrunnen

Das Teterower Hechtfest greift alte Traditionen kleinerer Feste auf, sein Hauptanliegen aber gilt der Überlieferung der Hechtsage, an die auch der Hechtbrunnen thematisch anknüpft.

1912, als die Stadtväter ihren Marktplatz mit besten schwedischen Kopfsteinen pflastern ließen, entschlossen sich die Stadtvertreter, einen neuen Brunnen für die Trinkwasserversorgung errichten zu lassen. Doch der Stadtsäckel gab die erforderlichen Finanzen nicht her, und so wurden die Bürger über einen »Aufruf zur Schenkung eines Marktbrunnens an die Stadt Teterow« zu Spenden angehalten. Namhafte Architekten und Bildhauer boten sich an, einen Entwurf für den Brunnen vorzulegen. Den Zuschlag erhielt kein Geringerer als Wilhelm Wandschneider aus Plau am See, ein renommierter Bildhauer, dessen Können im In- und Ausland Anerkennung fand. Seine Werke sind in Hamburg, Berlin und Dortmund zu entdecken. Er schuf ein Ehrenmal

➤ Alljährliches Spektakel: Der Stadtbulle wird hochgezogen

für den Soldatenfriedhof in St. Quentin/Frankreich, ein Denkmal für den Comdonpark in St. Louis/USA und ein Barcla-de-Tolly-Denkmal für Riga/Rußland, das aber zwischenzeitlich verschollen ist. Am 17. Mai 1914 wurde der Brunnen in Anwesenheit seines Schöpfers eingeweiht. Auf der Brunnenschale steht umlaufend ein Text aus der Feder Paul Warnckes, damaliger Chefredakteur des »Kladderadatsch« aus Hamburg. Selbstverständlich ist der Text auf Plattdeutsch verfaßt und lautet:

> Weck Lüd sünd klauk un weck sünd daesig,
> Un weck dei sünd wat aewernäsig;
> Lat't sei spijöken, Kinnings, lat't!
> De Klock hett lüüd't, de Hekt is fat't!

Die Geschichte, die dem Hechtfest zugrundeliegt, ist wieder eine kleine Schildbürgerei der Teterower: Die Sage berichtet, daß ein Fischer einen ungewöhnlich großen Hecht im Teterower See gefangen hat. Ein so besonderes Tier sollte auch zu einem besonderen Anlaß zubereitet werden. Da dieser Termin aber erst einige Wochen später stattfinden sollte, band man dem Hecht eine kleine Glocke um und setzte ihn wieder in den See. Man war sich sicher, daß man auf diese Weise immer hören würde, wo der Hecht gerade ist und um ganz sicher zu sein, schnitzte man noch ein Zeichen in den Kahn, wo man ihn ins Wasser gelassen hatte. Seit 1991 wird alljährlich in der Woche vor Pfingsten das Hechtfest gefeiert.

113

Stadtrundgang

Wer Teterow besichtigen will, muß es sich erwandern. Ein geeigneter Ausgangspunkt ist die **Teterow-Information**, die seit 1995 ihr Domizil in der ehemaligen Stadtmühle hat. Die Einrichtung ist gut ausgeschildert und leicht zu finden.

Die um 1800 entstandene **Stadtwassermühle** am Mühlbach ist das einzige erhaltene Denkmal der Teterower Mühlengeschichte. Von ehemals zwei Wasser- und drei Windmühlen sind nur noch diese und die Bornmühle vorhanden. Ursprünglich gehörten sogar auch noch zwei Windmühlen zur Stadtwassermühle. Doch der Konkurrenz der Turbinen und der neu hinzugekommenen Motormühlen konnten sie nicht standhalten. Bis 1960 bewegte eine solche Turbine die Stadtmühle, dann wurde sie auf Elektrobetrieb umgestellt. Das Gasthaus in den unteren Räumen der restaurierten Mühle sowie der angrenzende, idyllisch gelegene Mühlenteich laden zum Kräftesammeln ein für einen Rundgang um ein altes, kleines Städtchen.

Denn rund um die Altstadt führt eine Ringstraße, unterteilt nach Himmelsrichtungen. Die Mühle befindet sich im Schnittpunkt der restaurierten nördlichen und der westlichen Ringstraße, die zum Malchiner Tor führt. Das **Malchiner Tor**, im 14. Jh. gebaut, erhielt Mitte des 16. Jh. seine reich geschmückte Fassade über der Durchfahrt. Am Ende des 18. Jh. wurde es Stadtgefängnis, und als solches diente es bis 1945. Im 1967 restaurierten Malchiner Tor und im angrenzenden Torschreiberhaus ist seit 1991 das Teterower **Stadtmuseum** untergebracht. Es ist der dritte Standort für das städtische Museum und gleichzeitig auch der dritte Neubeginn.

Die erste Sammlung für ein Museum, die 1933 Am Kirchplatz 17 untergebracht war, ging mit dem Zweiten Weltkrieg verloren. Die zweite, 1955 begonnene Sammlung wurde 1964 auf umliegende Museen verteilt, denn laut Beschluß des Bezirksrates sollte eine Spezialisierung der größeren und die Schließung der kleineren Museen erfolgen. Das Museum zeigt ur- und frühgeschichtliche Funde, insbesondere zum Burgwall im Teterower See, dessen Erschließung zu Beginn der 50er Jahre wertvolle Hinweise zur Kultur und Lebensweise slawischer Stämme sowie zum Brücken- und Wegebau brachte. In einer weiteren Abteilung wird die Geschichte des Bergrings dokumentiert. Durch wechselnde Sonderausstellungen bleibt das Museum auch für Teterower ständig interessant.

▶ Stadtmuseum Teterow, Am Malchiner Tor, Di.-Fr. 9–12 und 13–17 Uhr, Sa./So. 14–17 Uhr, Tel. 03996-172827

➤ Auf dem Schulkamp

Jedes Jahr zum **Hechtfest** versammeln sich am Malchiner Tor Tausende von Schaulustigen, wenn das »Stadtbullentrecken« seine Aufmerksamkeit auf sich zieht. Das Hochziehen des Stadtbullen ist nur eine Tradition aus der Reihe von Teterower Schildbürgereien, weshalb man auch gelegentlich im Zusammenhang mit der Stadt vom »Schilda des Nordens« spricht.

Über die anschließende östliche Ringstraße gelangt man zum **Rostocker Tor**, dem zweiten erhaltenen Tor aus der mittelalterlichen Stadtbefestigung. Sein Blendenschmuck aus dem 16. Jh. an der Stadt- und der sogenannten Feldseite ist noch reichhaltiger. Der Giebelabschluß wurde allerdings erst in jüngster Zeit ergänzt. Das Vortor des einstigen Doppeltores war bereits 1688 entfernt worden. In südlicher Richtung führt die Rostocker Straße in das Zentrum der Stadt, zum Marktplatz.

Der Teterower Marktplatz wird beherrscht vom **Rathaus**, dessen Vorgängerbau im 18. Jh. einem Stadtbrand zum Opfer fiel. Das heutige Rathaus ist ein Neubau von 1909. Das Stadtwappen im Hauptportal macht deutlich, daß hier die Stadtverwaltung (wieder) Hausherrin ist, denn bis 1990 hatte es andere Nutzer. 1965 wurden bei einer Instandsetzung sowohl an der Außenfassade als auch im Innenbereich Veränderungen vorgenommen, die allerdings nicht den denkmalpflegerischen Ansprüchen gerecht wurden.

Auf dem angrenzenden Marktplatz befindet sich eines der Wahrzeichen der Stadt, der **Hechtbrunnen** des Plauer Bildhauers Wilhelm Wandschneider, der am 17. Mai 1914 eingeweiht wurde.

115

> Das Rathaus bildet die stilvolle Kulisse für das Teterower Hechtfest

Die **Pfarrkirche** St. Peter und Paul wurde nach 1250 als Hallenkirche mit höherem Mittelschiff gebaut, aber durch eine umfassende Restaurierung 1877–1880 zur Basilika verändert. Der Westturm kam erst im 15. Jahrhundert hinzu. Die ungewöhnliche Lage auf dem Platz, die immer wieder Anlaß zu Spekulationen gibt, findet letztlich, wie sollte es anders sein, ihre Erklärung in einem Schildbürgerstreich. Mit dem ursprünglichen Standort ihrer Kirche nicht zufrieden, sollen die Teterower versucht haben, sie auf Rollen zu versetzen. Just an dieser Stelle aber soll ihnen die Luft ausgegangen sein – und an dieser Stelle blieb sie stehen.

Im Chorraum der Kirche sind Deckenmalereien aus dem 14. Jh. erhalten geblieben. Mit dem gotischen Hochaltar, der Triumphkreuzgruppe und dem etwa zeitgleichen Taufstein sowie dem barocken Orgelprospekt beherbergt die Kirche wertvolle Schätze der Kunstgeschichte.

Der **Markt** ist überwiegend von zweigeschossigen Fachwerkbauten des 18. und 19. Jh. umgeben, die man durch Modernisierungen veränderte, sei es durch Aufstockung (Nr. 9) oder durch Verputzen der Fassaden (Nr. 8). Besonders interessant sind die architektonischen Lösungen der Eckgebäude an den auf den Markt führenden Straßen, die sich durch die Krüppelwalmdächer dem Markt zuwenden.

Der Teterower Bergring

Jedes Jahr zu Pfingsten treffen sich in Teterow Tausende begeisterte Zuschauer zum Bergringrennen, das hier seit 1930, also seit nunmehr 70 Jahren, erfolgreich veranstaltet wird.

Als die Teterower zu jener Zeit das Vorhaben zum Bau der Rennbahn publik werden ließen, wurden sie belächelt. Ein neuer Schildbürgerstreich? Bei weitem nicht. Für das immer beliebter werdende »Hechtgreifen« reichte der Platz auf dem Schulkamp nicht mehr aus. Es mußte eine neue Lösung gefunden werden. Im Ergebnis entstand die für ganz Europa schon damals einzigartige Gras-Berg-Rennstrecke mit einer Länge von 1,923 km inmitten der Heidberge, umgeben von sanften Hügeln und Tälern, grünen Wiesen und dichten Wäldern. Profis unter den Gras- und Sandbahnfahrern bezeichneten diese Rennstrecke sogar als die beste Grasbahn der Welt. Aus ganz Deutschland sowie dem Ausland kommen Fahrer und Zuschauer, um hier erstklassigen Sport zu erleben. Rund 3.000 Fahrer aus 25 Ländern und vier Kontinenten waren bisher in Teterow dabei.

➤ Jedes Jahr zu Pfingsten startet in Teterow das Bergring-Rennen

Ausflüge
in die Umgebung

Ausflüge in die Umgebung von Teterow

Thünen-Museum Tellow
(11 km nördlich von Teterow)
1810 übernahm der 27jährige Johann Heinrich von Thünen (1783–1850) das 465 ha große, stark verschuldete Lehrgut in Tellow und machte daraus ein Mustergut. In Anerkennung seiner Leistungen als Sozialreformer, Nationalökonom und Agrarwissenschaftler wurde ihm 1830 die Ehrendoktorwürde der Rostocker Universität verliehen, 1848 erhielt er die Ehrenbürgerschaft der Stadt Teterow.

Das Thünen-Museum Tellow ist als »Nationale Thünengedenkstätte« eine historische Einrichtung der europäischen Wirtschafts- und Sozialgeschichte. 1972 wurde nach umfangreichen Arbeiten zum Erhalt der Gebäude und Anlagen unter Anleitung des heutigen Direktors Peter Bartz das Museum eröffnet. In den folgenden Jahren wurden schrittweise weitere Gebäu-

de des ehemaligen Gutsdorfes instand gesetzt und in das Museum integriert. 1990 wurde die Thünengesellschaft e.V. in Tellow gegründet.

Kloster und Schloß Dargun
(26 km nordöstlich von Teterow, B 110)
Am Rande des Peenetales befindet sich die kleine, 4.000 Einwohner zählende Stadt Dargun, deren Geschichte bis ins 12 Jh. zurückreicht, auch wenn der Ort erst 1938 Stadtrecht erhielt. 1172 wurde hier ein Zisterzienserkloster mit Klosterkirche gegründet, das nach der Säkularisierung im 16. Jh. als Nebenresidenz für die Fürsten aus dem Hause Mecklenburg-Güstrow umgebaut wurde. 1945 ist die Anlage ausgebrannt.

Von der großzügigen vierflügeligen Anlage, die im Süden die Klosterkirche einschloß, stehen nur noch die Umfassungsmauern. Die erhaltenen Reste der Kirche belegen die hohe Qualität des spätromanischen und gotischen Backsteinbaus in Norddeutschland. Die Ruine steht unter Denkmalschutz. 1991 wurde mit Sicherungs- und Erhaltungsmaßnahmen begonnen. Erhalten sind Wirtschafts- und Nebengebäude sowie ein Pavillon im 3 ha großen Schloßpark, einige alte Bäume und zwei Hainbuchen-Laubengänge. Außerdem lohnt sich eine Besichtigung der Stadt und der Pfarrkirche aus dem 13. Jh. mit

➢ Das Thünen-Museum in Tellow

➤ Klosterkirche und Schloß Dargun um 1850

spätgotischem Altar, des kleinen jüdischen Friedhofs westlich der Stadt sowie der slawischen, heute stark bewaldeten Burganlage.

Die 1000jährigen Eichen bei Ivenack

In einem Landschaftsschutzgebiet nordwestlich von Ivenack, das den Ivenacker See einschließt, stehen sechs Eichen, die vermutlich mehr als 1000 Jahre alt sind. Eine genaue Altersbestimmung wäre nur durch das Zählen der Jahresringe möglich. Noch zu Beginn unseres Jahrhunderts waren es elf Baumriesen, wobei die schönste erhaltene Eiche heute in Kopfhöhe einen Umfang von fast elf Metern mißt. Zwölf erwachsene Personen sind nötig, um diese Eiche zu umfassen.

Neben dem 1000jährigen Naturwunder bietet das Dorf Ivenack Sehenswertes mit dem, allerdings restaurierungsbedürftigen, barocken Schloß, dem umliegenden Park und einem Teehaus direkt am See. Ivenack, mit seiner um 1700 errichteten Kirche, ist ein typisches Beispiel für ein mecklenburgisches Gutsdorf, auch wenn Veränderungen an einigen Fassaden sowie ergänzende Bauten das Ortsbild beeinträchtigt haben.

Tierrassenpark und Schnursteinquelle Lelkendorf

Ein Tierpark besonderer Art ist in Lelkendorf anzutreffen. Seit 1993 werden hier vom Aussterben bedrohte Haustierrassen gepflegt. Zu ihnen gehören u.a. Tarpane (Wildpferde), Jämtlandziegen, Esel, Pommernschafe, Heidschnucken, Fjällrinder, Thüringer Landziegen und Wollschweine. In der Nähe des Dorfes befindet sich die »Schnursteinquelle«, deren Wasser langes Leben verspricht. Denn der einstige Bauer Schnurstein, der sein Leben lang vom Quellwasser trank, wurde 103 Jahre alt.

121

Krakow am See – Mecklenburgs ältester Luftkurort

Das Städtchen Krakow am See liegt ca. 20 Kilometer südöstlich von Güstrow an dem 15 km^2 großen, buchten- und inselreichen Krakower See, um den sich zehn weitere Seen gruppieren. Die bewaldeten Endmoränenhügelketten, die Moore und sandigen Heidegebiete zwischen den Seen bieten eine abwechslungsreiche Landschaft, die aufgrund ihrer Höhenunterschiede den Eindruck einer Mittelgebirgslandschaft vermittelt. Wasser und Bäume sorgen für reine und gesunde Luft, sie sind ausschlaggebend für das Qualitätszeichen »Luftkurort«, das Krakow mit seinen knapp 4.000 Einwohnern seit 1956 führen darf.

Bereits in den 80er Jahren des vorigen Jahrhunderts zog Krakow viele Urlauber an. In den Sommermonaten muß man sich schon Mühe geben, um einem Mecklenburger zu begegnen. Alle Dialekte aus deutschen Landen waren und sind

hier zu hören und auch immer wieder ausländische Gäste, die den Campingplatz, die zahlreichen Privatquartiere und die Angebote der neuen bzw. renovierten Hotels nutzen. Sie alle kommen, um in sauberer Luft und herrlicher Natur zu entspannen.

An architektonischen Besonderheiten hat die Kleinstadt nicht so viel zu bieten. Mehrere Stadtbrände im Verlauf der Jahrhunderte, darunter der letzte große im Jahre 1856, vernichteten u.a. das Markenzeichen des Ackerbürgerstädtchens, die 52 Scheunen außerhalb der Plauer Straße, und haben die hi-

storische Bausubstanz zerstört. Krakow gehörte bereits zu den von Slawen besiedelten Gebieten, als der Ort im 13. Jh. durch den Fürsten von Werle das Stadtrecht erhielt. Der städtebauliche Grundriß läßt vermuten, daß es sich hier nicht um eine planmäßig neu angelegte Stadt handelt, sondern daß die Stadtentwicklung um eine vorhandene dörfliche Siedlung erfolgte.

Sehenswert in Krakow ist die **Stadtkirche**, die noch geringe Reste der um 1230 gebauten Kirche aufweist, im wesentlichen aber 1762 errichtet und 1887/88 stark verändert wurde. Die Orgel wurde 1891 einge-

baut. In jüngster Zeit (1989–1994) wurde die Kirche instand gesetzt, im Innern teilweise verändert und dient seitdem wieder als Gotteshaus.

Das **Rathaus** mit seinem neogotischen Staffelgiebel wurde um 1875 gebaut. Unterhalb des Giebels schmückt das plastisch ausgeführte Stadtwappen die gotisierende Fassade. Zu einem kulturellen Zentrum hat sich der Schulplatz entwickelt. In der alten Schule befindet sich eine Heimatstube und ein Druckerei-Museum mit Schauwerkstatt. Daneben beherbergt die ehemalige Synagoge die Krakow-Information und Räumlichkeiten für wechselnde Ausstellungen. Das Gebäude, 1866 errichtet, war 1920 an die Stadt Krakow verkauft und bis zur Restaurierung als Sporthalle für den Schulunterricht genutzt

worden. Wohl diesem Umstand ist es zu verdanken, daß die Synagoge in der Reichspogromnacht kein Opfer der Flammen wurde. Etwa 200 m von der ehemaligen Synagoge entfernt liegt der jüdische Friedhof – ein Zeugnis der Geschichte der jüdischen Bevölkerung in Krakow.

Besonders reizvoll ist Krakows Lage direkt am See. Mit Ausflugsschiffen sind Fahrten über den See möglich, es gibt ein Freibad, und rund um die Seen führen zahlreiche schöne Wanderwege. 1995 wurde auf dem Jörnberg in unmittelbarer Nähe des Seeufers und der Stadt ein Aussichtsturm eröffnet. Von der Aussichtsplattform in einer Höhe von 100,5 m ü.d.M. bietet sich dem Betrachter ein einmalig schönes Panorama der Krakower Seenlandschaft.

➤ Reetgedeckte Bootsschuppen am Krakower See

➢ Die Kirche in Schwaan zählt zu den ältesten Stadtkirchen Mecklenburgs

Schwaan

Schwaan hat sich aus einer dörflichen Anlage an der einzigen Warnowfurt zwischen Rostock und Bützow entwickelt und bekam bereits im 13. Jh. Stadtrechte. Aus dieser Zeit ist heute nur noch die **Kirche** mit ihrem gedrungenen Turm erhalten. Um 1890 gründete sich hier um den Landschaftsmaler Franz Bunke eine kleine Künstlerkolonie, die einzige des ehemaligen Großherzogtums Mecklenburg. In Schwaan hatten sich Maler angesiedelt, um frei von akademischen Zwängen die Natur studieren zu können. Zu ihnen gehörten Rudolf Bartels (geb. 1872), Peter Paul Draewing (geb. 1876), Erich Venzmer (geb. 1893) und Wilhelm Facklam (geb. 1893). Heu-

te ist die Schwaaner Künstlerkolonie fast vergessen. An den 1857 in Schwaan geborenen Franz Bunke, der über 400 Werke schuf, erinnern noch die Bunkeallee und sein Geburtshaus in der Wallstraße.
Ein interessantes technisches Denkmal ist die Warnowbrücke mit ihrer schon 1928 konstruierten elektrischen Hubeinrichtung.

Laage

Der Name der Stadt ist aus dem Slawischen entlehnt und bedeutet »Brückenort«. Die Stadt im Recknitztal hat ihren Namen sicherlich von einer bereits in slawischer Zeit bestehenden nahegelegenen Vorgängersiedlung übernommen, die am Recknitzübergang zum Schutz

➢ Das Rathaus in Laage

der bedeutenden slawischen West-Ost-Handelsstraße von Schleswig über Dorf Mecklenburg-Werle-Laage-Dargun-Demmin-Usedom nach Wolin angelegt worden war. Dieser mittelalterliche Handelsweg, die »Via regia«, ist urkundlich zuerst 1173 belegt und in mehreren Schriftzeugnissen des 13. Jh. genannt worden. In einer Urkunde vom 8. Februar 1216 lesen wir von der »herrschaftlichen Straße«, die von Lüchow nach Laage führte. Möglicherweise lag die slawische Siedlung südlich der heutigen Stadt, wobei archäologische Funde eine Datierung ins 8. bis 12. Jh. nahelegen.

Die »Stadt Laage« begegnet uns in den Quellen erstmalig 1309: Am 4. Mai verzichtete Nikolaus von Werle auf alle Rechte an einer Rente zu Laage. Der unregelmäßige Laager Stadtgrundriß deutet darauf hin, daß diese Ansiedlung nicht wie bei anderen Kleinstädten von vornherein planmäßig als Stadt in dem sogenannten Kolonisations-

oder Schachbrettschema angelegt wurde. Die ursprünglichen Stadtgrenzen sind aufgrund der zum Teil erhaltenen Wallanlagen aus dem 14. Jh. noch erkennbar.

Das älteste Bauwerk der Stadt ist die dreischiffige **Hallenkirche** aus Backstein und Granitfindlingen. Der Chor und das Schiff wurden in der Mitte des 13. Jh. begonnen, während der Turm erst im 15. Jh. fertiggestellt wurde. Die Kirche ist im Besitz eines vergoldeten Silberkelchs von 1603, einer Stiftung des Bischofs Wolfgang von Regensburg, gefertigt von einem Meister seiner Stadt.

Das neogotische **Rathaus** am Markt, auf dem ein buntes Treiben herrscht, wurde von 1868–1872 erbaut. Etwa zur gleichen Zeit entstand die Stadtscheune, die heute zusammen mit dem ehemaligen Wasserturm als kulturelle Begegnungsstätte dient.

Vom Wasserturm bietet sich ein herrlicher Blick über das Recknitztal, ein eiszeitliches Urstromtal. Das Tal und seine Hänge wurden 1990 unter Naturschutz gestellt.

Das Scheunenviertel weist darauf hin, daß Laage ein Ackerbürgerstädtchen war. Der Bau des **Militärflugplatzes** Mitte der 80er Jahre zwischen Laage und Kronskamp hatte einige Folgen für das Städtchen, denn in Kronskamp leben seitdem rund 2.600 Bürger. 1992 konnte in Laage der zivile Flugverkehr aufgenommen werden, und 1996 wurde wahr, was nicht nur die Laager Bürger 1989 forderten:

»Wir sind dabei, von Kronskamp nach Hawaii.«

In Siegel und Wappen trägt Laage das Zeichen seiner Herrschaft, der Fürsten zu Werle: Das Wappen zeigt auf goldenem Grund den schwarzen Stierkopf, ungekrönt, mit einer wachsenden roten Lilie zwischen den Hörnern. Da die Bedeutung der Lilie in diesem Wappen weitgehend unklar ist, verschwand sie später aus den Siegelbildern der Stadt.

Gnoien

An der alten Handelsstraße (heute B 110) zwischen den Hansestädten Rostock und Demmin liegt in unmittelbarer Nähe der Landesgrenze die kleine Stadt Gnoien. Das genaue Datum der Stadtgründung ist nicht bekannt, doch bestätigen Urkunden von 1276 und 1287 die Existenz der Stadt, die zeitweise sogar fürstliche Residenz war. Während des 14. Jh. rückte Gnoien immer wieder in den Blickpunkt der Öffentlichkeit, denn König Albrecht hielt sich wiederholt in dem Städtchen auf, um persönlich Streitereien unter seinen Vögten zu schlichten. 1522 brannte das im Nordosten gelegene fürstliche Schloß aus dem 14. Jh. ab. Es wurde nicht wieder aufgebaut.

Der **Marktplatz** ist umgeben von Bauten aus der Mitte des 18. Jh. und wird beherrscht durch das Rathaus, das 1898 nach Entwürfen des Güstrower Architekten Eggert errichtet wurde. Der Vorgängerbau von 1728, dem es wohl an Repräsentativem mangelte, war so baufällig, daß die Bürger Angst hatten, das Haus zu betreten. Man fügte allerdings zwei Überbleibsel des Vorgängers in den Neubau ein. An der Südseite fand das Stadtwappen seinen Platz. Es ist längs geteilt. Auf der rechten Seite ist ein Stierkopf dargestellt, als Symbol für Mecklenburg. Auf der linken Seite eine halbe Lilie mit einem dreiblättrigen Kleeblatt, die biblische Mutter Maria symbolisierend. An dem zweigeschossigen Bau vermischen sich gotisierende und Renaissance-Elemente. An der Ostseite wurde später eingeschossig angebaut.

Hinter dem Rathaus befindet sich das wohl älteste Haus des Warbelstädtchens, die »Börse«. Von 1615 bis 1636 hatte nämlich Gnoien seine eigene Münze, während bis dahin Rostock im Besitz des Münzrechts war. Die übrigen Häuser am Markt lassen nur schwer historische Bezüge erkennen.

Südlich der Hauptachse, der B 110, befindet sich die **Marienkirche**. Ihre Architektur läßt erkennen, daß sie im wesentlichen im 14. Jh. entstanden ist. Der Chor wird jedoch bereits in der Mitte des 13. Jh. begonnen worden sein, denn hier

> Das Ackerbürgerstädtchen Gnoien im 19. Jahrhundert

➤ Detailansicht des spätgotischen Marienaltars

ist der Übergang von romanischen zu gotischen Stilelementen erkennbar. Trotz mehrfacher Umbauten blieben im Chor gotische Malereien (Restaurierung 1880/82) erhalten. Ebenfalls erhalten geblieben sind der gotische Flügelaltar (1959 restauriert), der Taufstein und die Kanzel von 1596.

Außer der Marienkirche gab es in Gnoien im Mittelalter noch andere Kirchen und Kapellen. Sie haben die Stadtbrände und die Wirren der Zeit jedoch nicht überstanden. Reste der Stadtmauer und die beiden Stadttore wurde im 19. Jh. abgebrochen.

Westlich der Kirche, außerhalb der historischen Altstadt, befindet sich der ehemalige Friedhof, der in der Mitte des 19. Jahrhunderts angelegt wurde. Sein fast 150 Jahre altes Torhaus soll zur Trauerhalle umgebaut werden und ebenso erhalten bleiben wie die gleichaltrigen kaukasischen Linden und besondere Grabsteine.

Bis ins 14. Jh. reicht die **Mühlengeschichte** des Ackerbürgerstädtchens zurück. Damals gehörten die Mühlen den Moltkes, einer der ältesten Adelsfamilien Mecklenburgs. Die Holländerwindmühle südlich der Warbel, die Gnoien von drei Seiten umfließt, wurde jedoch erst 1894 erbaut. Bis 1956 wurde sie als Mahlwerk genutzt. Heute, zu einer Gaststätte umgebaut, ist sie Mittelpunkt des jährlich vor den Sommerferien stattfindenden »Gnoiener Mühlenfestes«. Buntes Markttreiben und viele Aktionen kultureller Vereine und Gruppen zur Pflege mecklenburgischer Traditionen bestimmen dann den Platz.

129

Reiseinformationen von A–Z

Güstrow

Auskunft

Güstrow-Information, Fremdenverkehrsverein Güstrow e.V., Domstr. 9, 18273 Güstrow, Tel. 03843/681023, Fax 682079. Öffnungszeiten: Mo.-Fr. 9–18 Uhr, Sa./So. 9.30–13 Uhr. Dienstleistungen: Zimmervermittlung, Stadtführungen, Tagesprogramme, Kartenvorverkauf, Souvenirs E-mail: stadtinfo@guestrow.de Internet: www.guestrow.de

Angeln

Angelkarten, Fischer Schulz, An der Fähre 1, Tel. 03843/82298

Autovermietung

Europcar Autovermietung, Neukruger Str. 62, Tel. 03843/210026

TOPCAR Autovermietung, Rostocker Chaussee 10, Tel. 03843/211731

Bäder

Badeanstalt am Inselsee, Heidberg, Tel. 03843/82301

Oase – Das Badeparadies: Sport- und Spaßbad, Saunawelt, Restaurant, Plauer Chaussee 7, Tel. 03843/288570; www.oase-guestrow.de

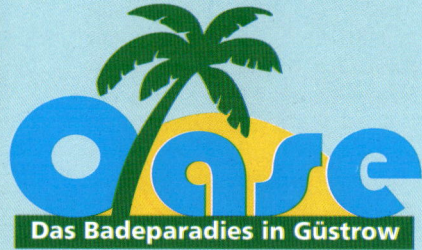

Bibliothek

Uwe-Johnson-Bibliothek, Am Wall 2, Tel. 03843/72620

Historische Bibliothek des Museums der Stadt Güstrow, Am Wall 2, Tel. 03843/726220

Bootsverleih

Badestrand am Inselsee, Stadtwerke Güstrow, Tel. 03843/2880

Buchhandlungen

Bahnhofsbuchhandlung, Bahnhofsplatz 3, Tel. 03843/65241

Buchhandlung Opitz, Domstr. 1, Tel. 03843/682297

Buchhandlung Gisela Weidemann, Goldberger Str. 12, Tel. 03843/332053

Buchhandlung Welt im Buch, Pferdemarkt 4, Tel. 03843/686568

Bücherecke Lilian Wernike, F.-Trendlenburg-Allee 1, Tel. 03843/343153

Camping

Campingplatz am Garder See, 18276 Lohmen, Tel. 038458/20722

Diskotheken

Fantasy-Club, Goldberger Str. 84, Tel. 03843/32076

Fahrradverleih/-reparatur

Zweiradhaus Dräger, Plauer Str. 71, Tel. 03843/32034

Zweiradhaus Dräger, Lange Str. 49, Tel. 03843/684010

Flughafen

Rostock-Laage, 18299 Weitendorf, Tel. 038454/31339

Galerien

Galerie und Bilderwerkstatt Harff, Hageböcker Mauer 4, Tel. 03843/684689

Städtische Galerie Wollhalle, Schloßstr. 9, Tel. 03843/769361

Freizeitangebote

Eislaufhalle am Speedway-Stadion in Güstrow, geöffnet von Oktober–Februar, Tel. 03843/288370

Natur- und Umweltpark Güstrow (NUP), Verbindungschaussee 8, tgl. ab 9 Uhr bis zur Dämmerung, Tel. 03843/82485

Pfiff Erlebnispark, Mühlengeez bei Güstrow, Tel. 038450/20023

Gastronomie (Auswahl)

Cafés

Eiscafé Eistraum, Platz der Freundschaft 1, Tel. 03843/331460

Café Evelyn, Pferdemarkt 25, Tel. 03843/681250

Café Küpper, Domstr. 15, Tel. 03843/682485

Café Le Noir, Pferdemarkt 22, Tel. 03843/684647

Café Tierpark, Verbindungschaussee, Tel. 03843/82486

Bettinas Eisstube, Pferdemarkt 15, Tel. 03843/683608

Billard-Café Zur Daisy, Straße der DSF, Tel. 03843/332397

Eis-Heidi, Markt 7, Tel. 03843/684848

Musikcafé, Plauer Str. 73, Tel. 03843/82384

Schloßcafé Philipp Brandin, Franz-Parr-Platz 1, Tel. 03843/684116

Stadtcafé, Hageböcker Str. 2, Tel. 03843/687241

Wiener Café, Gleviner Str. 29, Tel. 03843/686733

Restaurants

Altes Klubhaus am Inselsee, Fischerweg, Tel. 03843/842484

Barlach-Stuben, Plauer Str. 7, Tel. 03843/684881

Dill & Petersilie, Schloßstr. 1, Tel. 03843/686171

Erbgroßherzog, Markt 2-3, Tel. 03843/7800

Grenzburg, Heidberg 31, Tel. 03843/82491

Hansabad, Hansenstr. 4, Tel. 03843/683508

Krug zum Grünen Winkel, Grüner Winkel 33, Tel. 03843/686820

Marktkrug, Restaurant & Café, Markt 14, Tel. 03843/681282

Ratskeller, Markt 10, Tel. 03843/687037

Südkrug, Ringstr. 30, Tel. 03843/331014

Steak-Haus, Verbindungschaussee 7, Tel. 03843/214055

Tannenhof, Neukruger Str. 50, Tel. 03843/214435

Turmeck, Eisenbahnstr. 11, Tel. 03843/683822

Wallensteins Hofgericht, Schloßberg 1, Tel. 03843/7670

Wunderbar, Krönchenhagen 10, Tel. 03843/683366

Zum Landhaus, Schwaaner Str. 14, Tel. 03843/211203

Zum Lindenkrug, Brunnenplatz 19, Tel. 03843/681884

Zur Eisrast, Schweriner Str. 61, Tel. 03843/682374

Zur Post, Pferdemarkt 38, Tel. 03843/682856

Chinesische Küche

China Garden, Platz der Freundschaft 14, Tel. 03843/82128

China-Restaurant Hongkong, Lange Str. 6, Tel. 03843/684215

China Town, Pferdemarkt 41, Tel. 03843/686109

Italienische Küche

La Casalinga-Santa Fe, Schwaaner Str. 64, Tel. 03843/210673

Villa Italia, Domplatz 10, Tel 03843/683232

Café Central, Markt 35, Tel. 03843/686898

Griechische Küche

Haus des Handwerks, Neukruger Str. 1, Tel. 03843/215051

Restaurant Odessa, Platz der Freundschaft 14, Tel. 03843/82161

Taverne Kreta, Schweriner Str. 36, Tel. 03843/680736

Kneipen

Mac Pears, Hirtenstr. 6, Tel. 03843/687777

Pub à la Pub, Gartenstr. 7, Tel. 03843/680723

Schnick-Schnack, Erlebnisgastronomie, Baustr. 34a, Tel. 03843/686597

Hotels/Pensionen

in Güstrow

Best Western Hotel Stadt Güstrow, Pferdemarkt 58, Tel. 03843/7800

Hotel Altstadt Garni, Baustr. 8-10, Tel. 03843/686003

Hotel Am Güstrower Schloß, Schloßberg 1, Tel. 03843/7670

Hotel Am Tierpark, Verbindungschaussee 7, Tel. 03843/215980

Hotel Kurhaus am Inselsee, Heidberg 1, Tel. 03843/8500

Hotel Rubis, Schweriner Str. 89, Tel. 03843/69380

Hotel Weinberg, Bölkower Str. 8, Tel. 03843/83330

Hotel/Pension Villa Camenz, Lange Stege 13, Tel. 03843/24550

Pension Kleinekorte, Ulmenstr. 4, Tel. 03843/684866

in der Umgebung

Akzenthotel Am Krebssee, Boldebucker Weg 5, 18276 Gülzow, Tel. 03843/7600

Gutshaus Braunsberg, Dorfstr. 16, 18276 Braunsberg, Tel. 038458/20841

Gutshotel Groß Breesen, 18276 Groß Breesen, Tel. 038458/500

Herrenhaus Friedrichshof, Haus 4, 18299 Friedrichshof, Tel. 038454/20841

Hotel Schloß Vietgest, Schloßstr., 18279 Vietgest, Tel. 038452/550

Landhotel Kuhs, Güstrower Str. 39, 18276 Kuhs, Tel. 038454/3100

Landhotel Strenzer Bauernstuben, Dorfstr. 11, 18276 Strenz, Tel. 03843/215022

Motel Zehna MZ, Ganschower Str. 18-21, 18276 Zehna, Tel. 038458/3030

Mecklenburg-Hotel, Zum Suckwitzer See, 18276 Lohmen, Tel. 038458/3010

Landpension, W. Schulz, Hauptstr. 27, 18292 Hoppenrade, Tel. 038451/314

Hotel-Restaurant Stadtmitte, Breesener Str. 40, 18299 Laage, Tel. 038459/36204

Pension Zur Mühle, Pinnower Str. 12, 038459/32625

Pension Am Inselsee, Bölkower Chaussee 2, 18276 Mühl Rosin

Jugendherberge

Jugendherberge, Heidberg 33, 18273 Güstrow, Tel. 03843/840044

Kartenvorverkauf

Güstrow-Information, Domstr. 9, Tel. 03843/681023

Kegelbahn

Alle Neune mit Gaststätte, Platz der Freundschaft 14c im EKZ, Tel. 03843/31057

Kino

Cinestar, Eisenbahnstr. 16, Tel. 03843/464444

Kirchen

Dom, Gemeindebüro, Philipp-Brandin-Str. 5, Tel. 03843/682433

Pfarrkirche, Gemeindebüro, Markt 31, Tel. 03843/682077

Gerd-Oemcke-Haus, Am Suckower Graben 51, Tel. 03843/213673

Haus der Kirche, Grüner Winkel 10, Tel. 03843/685093

Ev.-freikirchliche Gemeinde, Neue Wallstr. 10, Tel. 03843/685243

Katholische Kirche, Pfarramt, Grüne Str. 23, Tel. 03843/680398

Kunsthandwerk

Ambiente, Gleviner Str. 36, Tel. 03843/65180

Kunststuv, Domstr. 15, Tel. 03843/683000

Wollstube, Weberei und textile Gestaltung, Domstr. 3, Tel. 03843/683456

Museen

in Güstrow

Atelierhaus und Ausstellungsforum, Heidberg 15, Di.-So. 10–17 Uhr, Tel. 03843/82299

Dom, »Der Schwebende«, Domgemeinde, tgl. 10–17 Uhr, Tel. 03843/682433

Gertrudenkapelle, Gertrudenplatz 1, Di.-So. 10–17 Uhr, Tel. 03843/683001

Museum im Schloß Güstrow (Staatliches Museum Schwerin), Franz-Parr-Platz 1, Di.-So. 9–17 Uhr, Tel. 03843/7520

Museum der Stadt Güstrow, Franz-Parr-Platz 7, Mo.-Do. 10–17, Sa. 13–16, So. 11–16 Uhr, Tel. 03843/681144

Städtische Galerie Wollhalle, Schloßstr. 9, tgl. 11–17 Uhr, Tel. 03843/769361

Malmström-Museum, Zu den Wiesen 17, Tel. 03843/680786

in der Umgebung

Archäologisches Landesmuseum – Freilichtmuseum Groß Raden, 19406 Groß Raden, tgl. 10–17.30 Uhr, Tel. 03847/2252

Wassermühle Kuchelmiß, Mühlenweg 5, 18292 Kuchelmiß, Di.-So. 9–17 Uhr, Tel. 038456/60666

Wolhynier-Museum, Heimatverein Linstow e.V., 18292 Linstow, Di.-Fr. 13–16, Sa./So. 14–16 Uhr, Tel. 038457/51963

Post

Deutsche Post AG, Niederlassung Güstrow, Pferdemarkt 52, Tel. 03843/560

Filiale Lärchenweg 15, Tel. 03843/210152

Filiale Clara-Zetkin-Str., Tel. 03843/31033

Filiale Friedrich-Engels-Str. 1, Tel. 03843/841040

Reiten/Kutschfahrten

Gestüt Ganschow, 18276 Ganschow, Tel. 038458/20226

Ponyhof Am Inselsee, Bölkower Chaussee 2, 18276 Mühl Rosin

Taxi

Taxigemeinschaft Güstrow, Bahnhofsplatz, Tel. 03843/211212

Theater

Ernst-Barlach-Theater, Franz-Parr-Platz, Vorverkaufskasse, Tel. 03843/684102

Tierpension

D. Jörß, Dorfstr. 8, 18273 Wilhelminenhof, Tel. 03843/687000

Veranstaltungskalender

Monatlicher Veranstaltungskalender, Hrsg.: Stadtverwaltung, Kulturamt, Tel. 03843/769361

Der Veranstaltungskalender Güstrow, Bützow, Teterow kann über die Güstrow-Information angefordert werden.

Zeitungen

Schweriner Volkszeitung, Markt 2-3, Tel. 03843/69530

Güstrow Express, Markt 2-3, Tel. 03843/695315

Mecklenburger Blitz, Eisenbahnstr. 3, Tel. 03843/72700

Zimmervermittlung

Güstrow-Information, Fremdenverkehrsverein Güstrow e.V., Domstr. 9, 18273 Güstrow, Tel. 03843/681023

Bützow

Auskunft

Stadtinformation Bützow, Am Markt 1, 18246 Bützow, Tel. 038461/50120

Angeln

Fischer Pietzack, Vor dem Rühner Tor, Tel. 038461/2780

Bäder

Freibad Am Rühner See, Tel. 038461/2785

Bibliothek

Bibliothek, Schloßplatz 2, Tel. 038461/4051

Bootsverleih

Alte Badeanstalt, An der Bleiche 8, Tel. 038461/2859

Buchhandlung

Buchhandlung Am Markt, Lange Str. 34, Tel. 038461/2608

Camping

Alte Badeanstalt, An der Bleiche 8, Tel. 038461/2859

Diskothek

CASA, An der Bleiche, Tel. 038461/3066

Fahrradverleih/-reparatur

Menter & Co., Lange Str. 30, Tel. 038461/52140

Gastronomie (Auswahl)

Cafés

Café am Markt, Am Markt 11, Tel. 038461/56036

Eiscafé Frahm, Lange Str. 2, Tel. 038461/2871

Eiscafé Wolf, Ziegelhofweg 2b, Tel. 038461/52075

Restaurants

Bützower Hof, Lange Str. 9, Tel. 038461/52136

Deutsches Haus, Lange Str. 58, Tel. 038461/2309

Stadtzentrum, Lange Str. 31, Tel. 038461/3084

Steak-Haus Hotel Vivaldi, Am Forsthof, Tel. 038461/65206

Zum Pfaffenkrug, Pfaffenstr. 16, Tel. 038461/67140

Zum Seesack, An der Bleiche 8, Tel. 038461/2859

Zur Börse, Lange Str. 32, Tel. 038461/ 3577

Hotels/Pensionen

Hotel Am Markt, Am Markt 11, Tel. 038461/56000

Hotel Am Langen See, Rühner Landweg 30, Tel. 038461/4190

Hotel Bützower Hof, Lange Str. 9, Tel. 038461/52136

Gasthaus Stadtzentrum, Lange Str. 31, Tel. 038461/3084

Pension Am Stadtpark, Am Stadtpark 26, Tel. 038461/2212

in der Umgebung

Pension Penziner Hof, Dorfstr. 28, 18249 Penzin, Tel. 038464/20760

Dorfkrug Selow, Landgaststätte und Pension, 18246 Selow

Raststätte & Pension Steinhagen, Katelbogener Str. 3, Tel. 038461/ 4021

Kegelbahn

Sportlerheim, Am Wall, Tel. 038461/ 3491

Kirchen

Ev.-luth. Kirche, Stiftskirche, Kirchenstr. 9, Tel. 038461/2888

Ev.-ref. Kirche, Pfaffenstr. 11, Tel. 038461/2831

Katholische Kirche, Bahnhofstr. 34, Tel. 038461/2958

Museum

Heimatmuseum, Schloßplatz 2, Tel. 038461/66915

Post

Filiale Bützow, Lange Str. 12, Tel. 038461/58225

Zimmervermittlung

Stadtinformation Bützow, Am Markt 1, 18246 Bützow, Tel. 038461/50120

Teterow

Auskunft

Teterow-Information, Mühlenstr. 1, 17166 Teterow, Tel. 03996/172028, Fax 187795
E-mail: tourist-info@teterow.de

Angeln

Fischer Monegel, Am Seebahnhof 2, Tel. 03996/172003

Tourist-Information, Mühlenstr. 1, Tel. 03996/172028

Restaurant Wendenkrug, Burgwallinsel, Tel. 03996/12840

Bibliothek

Bibliothek, Neukalener Str. 22, Tel. 03996/172269

Bootsverleih

Restaurant Wendenkrug, Burgwallinsel, Tel. 03996/12840

Buchhandlung

Buchhandlung Steffen, Malchiner Str. 15, Tel. 03996/172598

Fahrradverleih/-reparatur

Fahrradgeschäft Hans Wendt, Rostocker Str. 94, Tel. 03996/172788

Zweiradshop H. Stange, Rostocker Str. 44, Tel. 03996/172744

2-Rad-Center R. Steinhagen, Malchiner Str. 24, Tel. 03996/174781

Galerien

Galerie am Kamp, Kamp 5, Tel. 03996/172657

Ausstellungsboden in der Stadtmühle, Mühlenstr. 1, Tel. 03996/172028

Galerie im Rathauskeller, Am Markt 1-3, Tel. 03996/12780

Gastronomie

Cafés

Klönsnack, Schulstr. 30, Tel. 03996/187092

Le Café, Markt, Tel. 03996/123533

Café Mertens, Warener Str. 10, Tel. 03996/172821

Gaststätten/Restaurants

American Biker Szene und Saloon, Bahnhofstr. 1, Tel. 03996/120910

Bismarckstuben im Kulturhaus, Niels-Stensen-Str. 1, Tel. 03996/172612

Stadtmühle, Mühlenstr. 1, Tel. 03996/120960

Ausflugsgaststätte Hohes Holz, Hohes Holz, Tel. 03996/173245

Eckrestaurant, Malchiner Str. 5, Tel. 03996/172321

Hechtkrug, Schulstr. 24, Tel. 03996/182148

Eisgarten & Bistro Grimm, Rostocker Str. 38, Tel. 03996/172619

Pilzstube Uns Hüsung, Lärchenweg 1, Tel. 03996/12840

Prellbock, Malchiner Str. 88, Tel. 03996/181890

Wendenkrug, Burgwallinsel, Tel. 03996/12840

Zur Grotte, Güstrower Str. 26, Tel. 03996/172592

Nationalitäten-Restaurants

Chinarestaurant Zur Grotte, Güstrower Str. 223, Tel. 03996/172592

Bella Italia, Rostocker Str. 3, Tel. 03996/120384

Akropolis, Constantin-Kirchhoff-Str. 2, Tel. 03996/187776

Hotels/Pensionen

Hotel Blücher, Warener Str. 50, 17166 Teterow, Tel. 03996/172196

Wendenkrug, Burgwallinsel, Tel. 03996/12840

Seminar- und Ferienhaus am Schillersee, 18279 Bergfeld, Tel. 038452/21055

Boddiner Hof, Dorfstr. 43, 17179 Boddin, Tel. 039971/12523

Landhotel Levitzow, Dorfstr. 7, 17168 Levitzow, Tel. 039975/70257

Landhotel Schorssow, Dorfstr. 51, 17166 Schorssow, Tel. 039933/355

Gasthof und Pension Zur Klause, Knickhäger Str. 10, Tel. 03996/173590

Gasthof Zur Erbmühle, Dorfstr. 18, 17168 Levitzow, Tel. 039975/70246

Pension Uns Hüsung, Lärchenweg 1, Tel. 03996/12840

Jugendherberge

Jugendherberge Teterow, Am Seebahnhof 7, Tel. 03996/172668

Kegelbahn

Hechtkrug, Schulstr. 24, Tel. 03996/182148

Zur Erbmühle, 17168 Todendorf, Tel. 039975/70477

Kino

Filmpalast Teterow, Rostocker Str. 37, Tel. 03996/120385 oder 120420

Kirchen

Ev.-luth. Kirchengemeinde, Schulstr. 2, Tel. 03996/182821

Ev.-freikirchliche Gemeinde, Niels-Stensen-Str. 11, Tel. 03996/174842

Katholisches Pfarramt, Bahnhofstr. 1, Tel. 03996/172486

Museen

Stadtmuseum Teterow, Südliche Ringstr. 1, Tel. 03996/172827

Feuerwehrmuseum, Spritzenhaus am Mühlenteich, Tel. 03996/187092

Bergringmuseum, Schulkamp 2, Tel. 03996/173095

Thünen-Museum-Tellow, 17168 Tellow, tgl. 9–17 Uhr, Tel. 039976/5410

Post

Filiale Teterow, Bahnhofstr. 2, Tel. 03996/172401

Reiten und Kutschfahrten

Teterower Reit- und Fahrsportverein, Hans Burmeister, August-Bebel-Str. 2, Tel. 03996/172584

Tierpark

Tierrassenpark Lelkendorf, 17168 Lelkendorf, Tel. 039956/20388

Zeitungen

Nordkurier, Rostocker Str. 13, Tel. 03996/151310

Zimmervermittlung

Teterow-Information, Mühlenstr. 1, 17166 Teterow, Tel. 03996/172028

Krakow am See

Auskunft

Krakow-Information, Schulplatz 1, 18292 Krakow am See, Tel. 038457/22258, Fax 23613
E-mail: info1@krakow-am-see.de
Internet: www.krakow-am-see.de

Angelkarten

BIMES, Goetheallee 2, Tel. 038457/22204

Anglerverein Krakow am See e.V., Am Borgwall 81, Tel. 038457/22422

W. Quaß, Am Bahnhofsplatz, Tel. 038457/23494

Feriensiedlung Kiefernhain, Am Borgwall, Tel. 038457/22737

Forellenzucht Dobbin, Teichwirtschaft 5, 18292 Dobbin, Tel. 038457/24238

Bibliothek

Stadtbibliothek, Schulplatz 2, Tel. 038457/23592

Bootsverleih

BIMES, Goetheallee 2, Tel. 038457/22204

Feriensiedlung Kiefernhain, Am Borgwall, Tel. 038457/22737

Bootshaus, Am Jörnberg, Tel. 038457/22912

Zum Forsthaus Blechernkrug, Güstrower Chaussee 31, Tel. 038457/23520

Naturcampingplatz, Am Windfang, Tel. 038457/22469

Camping

Naturcampingplatz, Am Windfang, Tel. 038457/22469

Fahrradverleih/-reparatur

Fa. A. Kenning, Ernst-Thälmann-Str. 4, Tel. 038457/22477

Bootshaus Jörnbergweg, Tel. 038457/22912

Feriensiedlung Kiefernhain, Am Borgwall, Tel. 038457/22737

Galerie

Alte Synagoge, Schulplatz 1, Tel. 038457/22258

Hotels/Pensionen

Hotel-Restaurant »Ich weiß ein Haus am See«, Altes Forsthaus 2, Tel. 038457/23273

Hotel-Restaurant An der Seepromenade, Goetheallee 2a, Tel. 038457/23614

Restaurant & Gästezimmer Am Jörnberg, Jörnberg 16, Tel. 038457/22224

Seehotel Krakow, Goetheallee 1, Tel. 038457/51111

Zum Forsthof Blechernkrug, Güstrower Chaussee 31, Tel. 038457/23520

in der Umgebung

Landhaus am Serrahner See, Tel. 038456/650

Mecklenburger Hof, Dorfstr., 18292 Groß Grabow, Tel. 038457/22997

Pension Kristinhorst, 18292 Neu Dobbin, Tel. 038457/22678

Pension Lerchenhof, 18292 Alt Sammit, Tel. 038457/23332

Pension Frehse, Haus 2, 18292 Kölln, Tel. 038451/70300

Pension Alte Poststation, Forststr. 17, 18292 Linstow/Bornkrug, Tel. 038457/22732

Fahrgastschiffahrt

Fahrgastschiff Frauenlob, Informationen über die Krakow-Information, Tel. 038457/22258

Freibad

Städtische Badeanstalt Krakow, Jörnbergweg 15, Tel. 038457/22660

Naturcampingplatz, Am Windfang, Tel. 038457/22469

Am Wadehäng, Am Serrahner See

Gastronomie

Gaststätte Seehotel, Goetheallee 1, Tel. 038457/22378

Restaurant Am Jörnberg, Jörnbergweg 16, Tel. 038457/22224

Restaurant Am Wadehäng, Am Wadehäng, Tel. 038457/22437

Zum Forsthof Blechernkrug, Güstrower Chaussee 31, Tel. 038457/23520

Zur Alten Schmiede, E.-Thälmann-Str. 16, Tel. 038457/22491

Gaststätte Waldhaus, Am Borgwall 1, Tel. 038457/22667

»Ich weiß ein Haus am See«, Altes Forsthaus 2, Tel. 038457/23273

Kirchen

Ev. Kirche, Weden 16, Tel. 038457/22754

Katholische Kirche, Pfarramt, Güstrower Chaussee 1, Tel. 038457/22231

Kunsthandwerk

Töpferei Beseler, 18292 Hinzenhagen, Tel. 038456/60152

Museen

Heimatstube, Schulplatz 2, Alte Schule, Tel. 038457/24613

Druckereimuseum mit Schauwerkstatt, Schulplatz 2, Tel. 038457/23872

Post

Filiale Krakow am See, E.-Thälmann-Str. 11, Tel. 038457/22320

Reiten/Kutschfahrten

Heinrich Bülow, Kuchelmiß, Tel. 038456/60813

J. Biems, Neu Zietlitz, Tel. 038457/22161

Reit- und Fahrtouristik, Alt Sammit, Tel. 038457/22870

Reitstützpunkt Alt Sammit, Tel. 038457/22870

Zimmervermittlung

Krakow-Information, Schulplatz 1, 18292 Krakow am See, Tel. 038457/22258, Fax 187795

In der Umgebung

Auskunft Gnoien

Stadtinformation Gnoien, Friedens-str. 54, 17179 Gnoien, Tel. 039971/12129, Fax 12085

Auskunft Laage

Über die Güstrow-Information, Dom-str. 9, 18273 Güstrow, Tel. 03843/681023, Fax 682079
E-mail: stadtinfo@guestrow.de
Internet: www.guestrow.de

Auskunft Schwaan

Fremdenverkehrsverein Schwaan und Umgebung e.V., Kirchenstr. 5, 18258 Schwaan, Tel. 03844/813461, Fax 813461
E-mail: mwruck@web.de
Internet: www.schwaan.de.cx

Index